超頭脳戦サバイバル！
リアル人狼ゲームで
真代屋秀晃
アメノトモアキ
【イラスト】
Ruki
池田書店

登場《とうじょう》人物《じんぶつ》紹介《しょうかい》

月形士郎

（つきがた　しろう）

中学《ちゅうがく》二年生《にねんせい》。火夏《ほのか》には「シロ」と呼《よ》ばれ弟扱《おとうとあつか》いされている。

鷹山火夏

（たかやま　ほのか）

姉《あね》のように常《つね》に士郎《しろう》と行動《こうどう》を共《とも》にする。ハキハキとした物言《ものい》い。

金山大治

（かなやま　だいじ）

スポーツマンタイプ。考《かんが》えることが苦手《にがて》で直感《ちょっかん》に従《したが》って動《うご》く。

速水麗奈

（はやみ　れな）

物静《ものしず》かで読書《どくしょ》を好《この》むインドア派《は》。見《み》かけるたびに違《ちが》う本《ほん》を持《も》ち歩《ある》いている。

木島優一郎

（きじま ゆういちろう）

頭《あたま》は良《い》いが、他人《たにん》を見下《みくだ》す傾向《けいこう》にある。そのため人に嫌われやすい。

土屋玲音

（つちや　れおん）

天真爛漫《てんしんらんまん》で、ムードメーカー。男女《だんじょ》分《わ》け隔《へだ》てなく仲良《なかよ》くなることができる。

小日向奈波

（こひなた　ななみ）

転校《てんこう》したてで友達が少ない。料理《りょうり》が得《とく》意《い》。人前《ひとまえ》で何《なに》かすることが苦手《にがて》。

遊《あそ》び方《かた》

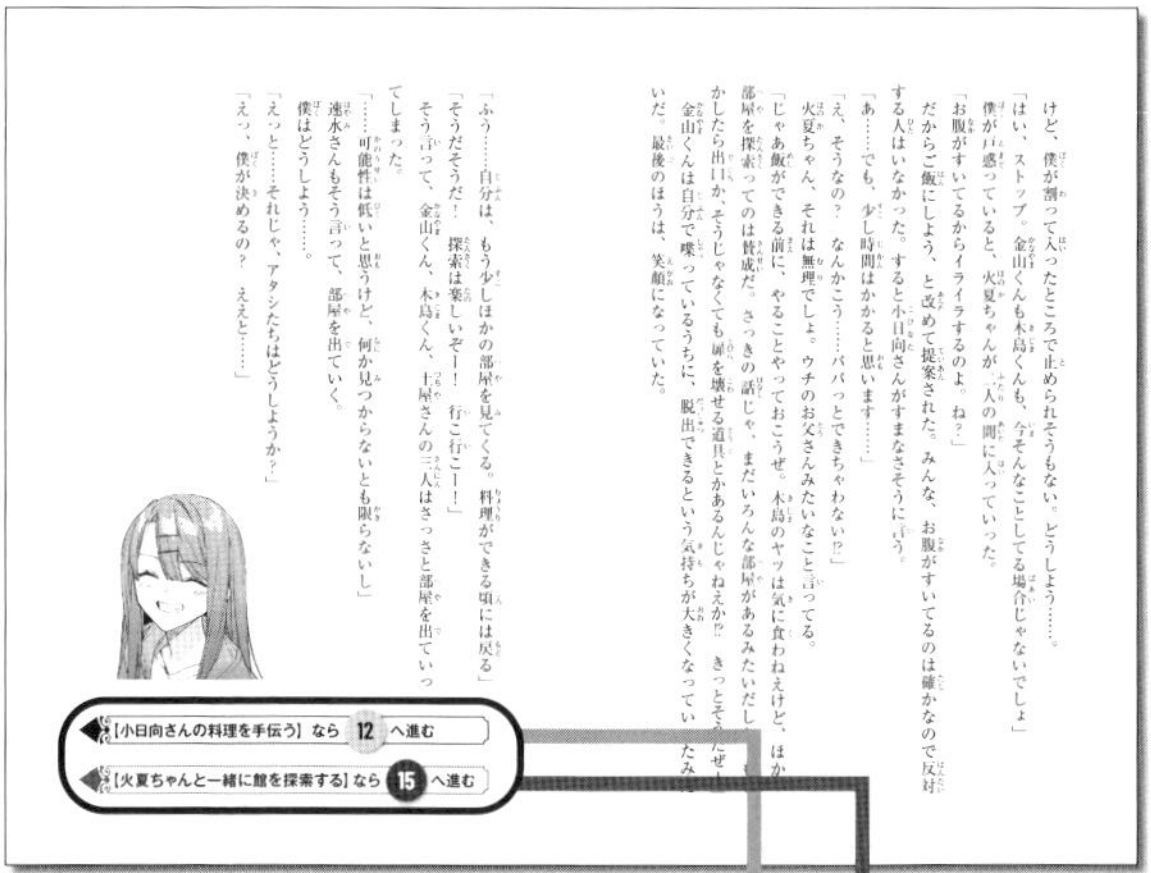

I 選択肢《せんたくし》から一《ひと》つを選《えら》んで番号《ばんごう》をチェック

II 同《おな》じ番号《ばんごう》のページを探《さが》す。選《えら》んだ選択肢《せんたくし》で物語《ものがたり》が変化《へんか》する

III 文章中《ぶんしょうちゅう》に※がついている場合《ばあい》、ページの下《した》に解説《かいせつ》が入《はい》る

1 テーマパークへ到着《とうちゃく》

「ふあ……」

　思《おも》わずあくびが出《で》た。適度《てきど》に暖房《だんぼう》の効《き》いた車内《しゃない》とバスの揺《ゆ》れのせいで、ついウトウトしてしまったらしい。

「うおーっ！　見《み》えてきたぜ、ダイナスティーランド！」

　急《きゅう》に聞《き》こえてきたクラスメイトの大声《おおごえ》でビクッとなり、眠気《ねむけ》が一気《いっき》に吹《ふ》き飛《と》ぶ。

　窓《まど》の外《そと》を見《み》ると、大《おお》きな西洋風《せいようふう》のお城《しろ》が見《み》えていた。関東《かんとう》で最《もっと》も大《おお》きなテーマパーク、ダイナスティーランド。そのシンボルであるダイナスティー城《じょう》だ。

　今日《きょう》は仁浪中学校《ひとなみちゅうがっこう》の遠足《えんそく》でここまでやってきた。

　同級生《どうきゅうせい》たちはみんな今日《きょう》を楽《たの》しみにしていたみたいだ。どのアトラクションを回《まわ》るとか、誰《だれ》と一緒《いっしょ》に行《い》こうとかで盛《も》り上《あ》がっている。

　もちろん僕《ぼく》も楽《たの》しみにしていた。

　５０００台《だい》は車《くるま》が止《と》められそうな広《ひろ》い駐車場《ちゅうしゃじょう》にバスが停《と》まると、みんな待《ま》ちきれない様子《ようす》で降《お》りていく。

「整列《せいれつ》しろー。……おい土屋《つちや》、金山《かなやま》！　お前《まえ》たちだけ先《さき》に行《い》っても入《はい》れんだろうが。常識的《じょうしきてき》に考《かんが》えろ、常識的《じょうしきてき》に」

声《こえ》を張《は》り上《あ》げて七宝先生《しっぽうせんせい》が注意《ちゅうい》する。髪《かみ》を七三《しちさん》に分《わ》けていて、見《み》た目《め》どおりのおカタイ先《せん》生《せい》だ。遠足《えんそく》なのに今日《きょう》も動《うご》きにくそうなスーツをしっかり着《き》ている。

「へへ、金山《かなやま》、怒《おこ》られてやんのー」

「なんだよ土屋《つちや》、お前《まえ》もだろ」

注意《ちゅうい》されていたのはクラスメイトの土屋玲音《つちやれおん》さんと金山大治《かなやまだいじ》くんの二人《ふたり》。

土屋《つちや》さんは、クラスでも人気者《にんきもの》だ。活発《かっぱつ》でいろんな意味《いみ》で女《おんな》の子《こ》らしくなく、男子《だんし》と一緒《いっしょ》に遊《あそ》んでいることも多《おお》い。長《なが》い髪《かみ》をポニーテールにまとめていて、笑《わら》うと見《み》える八重歯《やえば》がかわいい……と男子《だんし》たちから好評《こうひょう》らしい。みんなの輪《わ》の中心《ちゅうしん》にいるのを見《み》かけることが多《おお》いかな。

一方《いっぽう》、金山《かなやま》くんも身体《からだ》を動《うご》かすことが得意《とくい》なタイプで、休《やす》み時間《じかん》になるとクラスメイトの男《だん》子《し》を誘《さそ》ってバスケをやっているのを見《み》かけたことがある。誰《だれ》にでも声《こえ》をかけるところが人気《にんき》で、クラスの男子《だんし》たちの間《あいだ》では〝アニキ〟って呼《よ》ばれて親《した》しまれてる。

僕《ぼく》も前《まえ》に誘《さそ》われて一度《いちど》だけ参加《さんか》したことがあるけど……僕《ぼく》がどんくさいせいで、怒《おこ》らせちゃったんだよなあ。

先生《せんせい》の引率《いんそつ》に従《したが》って、僕《ぼく》たちは全員整列《ぜんいんせいれつ》してランドの入《い》り口《ぐち》まで歩《ある》いていく。

団体客用《だんたいきゃくよう》のゲートを通《とお》り抜《ぬ》けると、改《あらた》めて先生《せんせい》から注意事項《ちゅういじこう》が発表《はっぴょう》された。

「ほかのお客《きゃく》さんもいるんだから、はしゃぎすぎて迷惑《めいわく》をかけないように。それから……」

でももう誰《だれ》もそんな注意《ちゅうい》は聞《き》いてないみたいだった。

みんな今《いま》にも走《はし》り出《だ》しそうな犬《いぬ》みたいにそわそわしている。

「では15時《じ》にここに集合《しゅうごう》すること。解散《かいさん》！」

先生《せんせい》がそう言《い》うと同時《どうじ》に、みんな、あっちこっちに散《ち》っていく。

それはあっという間《ま》の出来事《できごと》で、誰《だれ》と回《まわ》るか決《き》めてなかった僕《ぼく》は、友達《ともだち》に置《お》いていかれて一人《ひとり》ぼっちで突《つ》っ立《た》っていた。

しまった、どうしよう……と考《かんが》えていると、声《こえ》をかけてきた女《おんな》の子《こ》がいた。

「シロ、置《お》いていかれたの？」

家《いえ》が近所《きんじょ》で幼馴染《おさななじみ》の鷹山火夏《たかやまほのか》ちゃんだ。

火夏《ほのか》ちゃんは僕《ぼく》、月形士郎《つきがたしろう》のことをシロと呼《よ》ぶ。

僕《ぼく》より生《う》まれたのが数《すう》カ月早《げつはや》かったから、それでお姉《ねえ》さんぶるんだよな。

「お、置《お》いていかれたわけじゃないし。っていうかその呼《よ》び方《かた》やめてよ」

「だってシロはシロじゃん」

僕《ぼく》がいくら言《い》ったところで火夏《ほのか》ちゃんはその呼《よ》び方《かた》をやめたりはしない。

「どうせモタモタして友達《ともだち》に置《お》いていかれちゃったんでしょ？　しょうがないから、アタシが一緒《いっしょ》に回《まわ》ってあげる！」

「え、いや、ちょっと」

「ほら、行《い》くよ！」

僕《ぼく》が何《なに》かを言《い》うよりも前《まえ》に、火夏《ほのか》ちゃんは僕《ぼく》の手《て》を握《にぎ》って走《はし》り出《だ》していた。

火夏《ほのか》ちゃんってちょっと強引《ごういん》なところがあるけど、その強引《ごういん》さに助《たす》けられることもある。

たとえば小学《しょうがく》2年生《ねんせい》の頃《ころ》。学年《がくねん》が上《あ》がって新《あたら》しい教室《きょうしつ》に行《い》かないといけないのに、僕《ぼく》は自《じ》分《ぶん》の教室《きょうしつ》の場所《ばしょ》がどこだかわからなくて困《こま》ってたことがある。

2年生最初《ねんせいさいしょ》の授業《じゅぎょう》にいきなり遅刻《ちこく》なんてしたら……そう思《おも》って泣《な》きそうになっていたとき、

助《たす》けてくれたのが火夏《ほのか》ちゃんだった。

「何《なに》やってんのシロ、あんたの教室《きょうしつ》こっちこっち！」

どこからともなく現《あらわ》れ、僕《ぼく》の手《て》を引《ひ》いて教室《きょうしつ》まで案内《あんない》してくれた。

火夏《ほのか》ちゃんは別《べつ》のクラスだったにもかかわらずね。

「せんせーい。シロ……じゃなくて、月形士郎《つきがたしろう》がたぶんギリギリ到着《とうちゃく》でーす」

しかも僕《ぼく》を連《つ》れて教室《きょうしつ》の中《なか》まで入《はい》っていった。

「ええと、きみは隣《となり》のクラスの鷹山火夏《たかやまほのか》さんだよね」

「はーい。アタシも遅刻《ちこく》しちゃうんで戻《もど》りまーす。じゃあシロ、しっかりね！」

あとで先生《せんせい》から「いいお姉《ねえ》さんがいるな」なんて言《い》われてからかわれたけど、遅《おく》れて教室《きょうしつ》に入《はい》りづらかった僕《ぼく》としては、とてもありがたかった。

まったく……もう中学生《ちゅうがくせい》なのに、あの頃《ころ》と何《なに》も変《か》わってないじゃないか。

今《いま》も昔《むかし》も、火夏《ほのか》ちゃんに手《て》を引《ひ》かれている自分《じぶん》を少《すこ》し情《なさ》けなく思《おも》う。

けど、それ以上《いじょう》に火夏《ほのか》ちゃんが笑《わら》っている様子《ようす》を見《み》るとうれしくなるんだ。

【メリーゴーラウンド】に乗るなら 2 へ進む

【ジェットコースター】に乗るなら 3 へ進む

【お化け屋敷】へ行くなら 4 へ進む

2 メリーゴーラウンドへ！

火夏《ほのか》ちゃんと一緒《いっしょ》にメリーゴーラウンドに乗《の》ることにした。

きらびやかな光《ひかり》と華《はな》やかな音楽《おんがく》が流《なが》れ、ゆっくりとしたスピードで木馬《もくば》や馬車《ばしゃ》が回《まわ》っている。

お客《きゃく》さんの入《い》れ替《か》えで僕《ぼく》たちの番《ばん》が来《く》ると、後《うし》ろの列《れつ》から聞《き》いたことのある声《こえ》が聞《き》こえてきた。

「なあ、麗奈《れな》。こんな動《うご》きのないヤツより、もっと派手《はで》なヤツ行《い》こうぜー」

「さっきゴーカートに付《つ》き合《あ》ってあげた。次《つぎ》はワタシの番《ばん》」

クラスの〝アニキ〟こと金山《かなやま》くんと、速水麗奈《はやみれな》さんだ。男女二人《だんじょふたり》きりでこんなところにいるし、なんだかやけに親《した》しそう。

「あの二人《ふたり》、幼馴染《おさななじみ》なんだって」

「そうなんだ。ぜんぜん知《し》らなかった」

つまり僕《ぼく》と火夏《ほのか》ちゃんみたいなものか。

速水麗奈《はやみれな》さんは大《おお》きな丸眼鏡《まるめがね》をかけていて、普段《ふだん》からよく本《ほん》を読《よ》んでいる。すごい読書家《どくしょか》みたいで、見《み》かけるたびに違《ちが》う本《ほん》を持《も》ち歩《ある》いてたな。

運動大好《うんどうだいす》きな金山《かなやま》くんとは正反対《せいはんたい》のタイプに思《おも》える。

「ていうか麗奈《れな》、こんなところにも本《ほん》を持《も》ってきてんのかよ！　アトラクションを楽《たの》しめよー！」

「ワタシの勝手《かって》。今《いま》ここで読《よ》むのがいいの」

さすがにこんな場所《ばしょ》でも本《ほん》を読《よ》んでるとは思《おも》わなかった。

本当《ほんとう》に本《ほん》が好《す》きなんだな……って、木馬《もくば》に乗《の》ってもまだ読《よ》んでるし。

「はは……速水《はやみ》さんって、すごい読書家《どくしょか》みたいだね」

「アタシたちは思《おも》いっきり楽《たの》しむよ！　ほらシロ、追《お》い越《こ》してみなー！」

「いや火夏《ほのか》ちゃん、メリーゴーラウンドってそういうのじゃないから……」

僕《ぼく》たちは思《おも》い思《おも》いに、メリーゴーラウンドを楽《たの》しんだ。

【ジェットコースター】に乗るなら 3 へ進む
【お化け屋敷】へ行くなら 4 へ進む
【休憩する】なら 5 へ進む

3 ジェットコースターには乗《の》り過《す》ぎないように

火夏《ほのか》ちゃんと一緒《いっしょ》にジェットコースターの前《まえ》までやってきた。

……正直絶叫系《しょうじきぜっきょうけい》は苦手《にがて》なんだけど、ここまできたら覚悟《かくご》を決《き》めるしかない。

そう思《おも》っていると、近《ちか》くのベンチでぐったりしている木島優一郎《きじまゆういちろう》くんと、それを見《み》て笑《わら》っている土屋玲音《つちやれおん》さんを見《み》かけた。

「なんだなんだー、木島《きじま》よわっちいなー」

「バ……バカかお前《まえ》……5回《かい》も乗《の》ればこうなるに決《き》まってるだろうが……」

「あはは！　しょーがないなー、冷《つめ》たいジュースでも買《か》ってきてあげよっか？」

木島《きじま》くんは手《て》をひらひらさせてそれに応《こた》え、深《ふか》くベンチにもたれこんでいた。

「ご、5回《かい》もアレに乗《の》ったってこと……？」

「あはは、さすがの木島《きじま》くんでも土屋《つちや》さんの元気《げんき》には勝《か》てなかったかー」

火夏《ほのか》ちゃんが楽《たの》しそうに笑《わら》う。

「でも木島《きじま》くんと土屋《つちや》さんの組《く》み合《あ》わせって意外《いがい》だな……木島《きじま》くんってどこか人《ひと》を寄《よ》せ付《つ》けな

い雰囲気《ふんいき》があるっていうか、いつも一人《ひとり》だよね？」

「つまりシロはこう言《い》いたいわけね。木島《きじま》くんは周《まわ》りを小馬鹿《こばか》にしてるから、自《みずか》ら進《すす》んで孤立《こりつ》していると」

「そ、そうは言《い》ってないけど」

火夏《ほのか》ちゃんは本当《ほんとう》に遠慮《えんりょ》がない。

でも案外《あんがい》、それに近《ちか》いのかも。木島《きじま》くんはいつもテストで満点《まんてん》を取《と》るくらい頭《あたま》が良《い》いし、同級生《どうきゅうせい》とは話《はなし》が合《あ》わないと思《おも》っているように感《かん》じる。

僕《ぼく》も何度《なんど》か話《はな》しかけたことがあるけど、いつも木島《きじま》くんのほうから話《はなし》を切《き》られていた。金山《かなやま》くんたちが話《はな》しかけても同《おな》じ。

まあ土屋《つちや》さんだけは、まるで気《き》にしてないみたいだけど。

「アタシたちもそろそろ乗《の》ろっか？　もちろん5回《かい》は乗《の》るから！」

「もちろんって、どういうこと……」

そして火夏《ほのか》ちゃんは渋《しぶ》る僕《ぼく》を引《ひ》き連《つ》れて、本当《ほんとう》に5回《かい》乗《の》った。

終《お》わったあと、僕《ぼく》もベンチでぐったりしたのは言《い》うまでもない。


【メリーゴーラウンド】に乗るなら 2 へ進む

【お化け屋敷】へ行くなら 4 へ進む

【休憩する】なら 5 へ進む

4　日本一《にほんいち》怖《こわ》い？　お化《ば》け屋敷《やしき》

ランド内《ない》を歩《ある》いていると、急《きゅう》に和風《わふう》の建物《たてもの》が目《め》に入《はい》ってきた。

ヒビが入りツタが絡《から》まり合《あ》っていて、いかにも崩《くず》れそうな廃墟《はいきょ》って感《かん》じだ。

そういえば、ここには日本一《にほんいち》怖《こわ》いお化《ば》け屋敷《やしき》があるって聞《き》いたことがある。

それを話《はな》すと、火夏《ほのか》ちゃんは止《と》める間《ま》もなく中《なか》に入《はい》っていった。僕《ぼく》も慌《あわ》ててその後《あと》を追《お》う。

「つ、作《つく》りものだってわかってても怖《こわ》いね……」

「シロ、怖《こわ》いなら手《て》をつないであげよっか？」

そこまでしなくていいよ、と答《こた》えようとしたところで悲鳴《ひめい》が聞《き》こえた。

「いやあああ！　何《なに》か冷《つめ》たいものが顔《かお》にっ、顔《かお》にいいい！」

「ああ安心《あんしん》しろ小日向《こひなた》！　先生《せんせい》がついてるぞ……ぬわーーっ！」

どうやら女《おんな》の子《こ》の悲鳴《ひめい》はクラスメイトの小日向奈波《こひなたななみ》さん、男《おとこ》の悲鳴《ひめい》は七宝先生《しっぽうせんせい》のようだ。

「なんか……ほかの人《ひと》の悲鳴《ひめい》を聞《き》いてると、ちょっと冷静《れいせい》になるね」

「そういえば、小日向《こひなた》さんの声《こえ》って初《はじ》めて聞《き》いたかも？」

火夏《ほのか》ちゃんに言《い》われて気付《きづ》いた。確《たし》かにそうかもしれない。

小日向《こひなた》さんは今年転校《ことしてんこう》してきたんだけど、あまり誰《だれ》かと話《はな》しているところを見《み》かけない。

ミステリアスな雰囲気《ふんいき》で近寄《ちかよ》りがたいって言《い》われてるみたいだけど……。

「意外《いがい》と普通《ふつう》の女《おんな》の子《こ》っぽいね」

「アタシ、今度話《こんどはな》しかけてみようかな。仲良《なかよ》くなれるかどうか、話《はな》してみないとわかんないもんね」

「いいんじゃない。火夏《ほのか》ちゃんのそういうところ、すごいと思《おも》……うわあああああ！」

気《き》が緩《ゆる》んでいたところにお化《ば》け役《やく》の人《ひと》が急《きゅう》に出《で》てきて、僕《ぼく》は情《なさ》けない声《こえ》をあげてしまった。

暗《くら》くてよく見《み》えないけど、火夏《ほのか》ちゃんがそれを聞《き》いて笑《わら》っている気配《けはい》を感《かん》じる。……うう、早《はや》く出《で》よう。

【メリーゴーラウンド】に乗るなら 2 へ進む

【ジェットコースター】に乗るなら 3 へ進む

【休憩する】なら 5 へ進む

5 地図《ちず》に載《の》っていないアトラクション

お昼《ひる》ご飯《はん》を食《た》べてからも僕《ぼく》たちはいろんな場所《ばしょ》を回《まわ》っていた。

ほかにもアトラクションはあったけど、とても1日《にち》では回《まわ》り切《き》れそうにない。

気付《きづ》くと、集合時間《しゅうごうじかん》が近付《ちかづ》いていた。

「火夏《ほのか》ちゃん、そろそろ戻《もど》らないと」

「んー……じゃあ最後《さいご》に何《なに》かもう1か所《しょ》……ああ、あそこ入《はい》ろうよ、シロ！」

火夏《ほのか》ちゃんが指差《ゆびさ》した先《さき》には、洋館風《ようかんふう》の建物《たてもの》がひっそりと建《た》っていた。

「あんなところにアトラクションあったっけ？」

ランド内《ない》マップを懐《ふところ》から出《だ》して確認《かくにん》してみても、どこにも載《の》ってないみたいだ。

その間《あいだ》にもぐいぐいと手《て》を引《ひ》っ張《ぱ》られて、気付《きづ》くと館《やかた》の前《まえ》に着《つ》いていた。

入《い》り口《ぐち》には「人狼《じんろう》の館《やかた》」と書《か》かれた看板《かんばん》がかかっている。

「ね、コレ入《はい》ったら終《お》わりにするから、行《い》こ！」

集合時間《しゅうごうじかん》までに戻《もど》らないと、置《お》いてかれるなんてことはないと思《おも》うけど……。

【「人狼の館」に入る】なら 6 へ進む

【集合場所へ戻る】なら 8 へ進む

6 「人狼《じんろう》の館《やかた》」へようこそ

「しょうがないなぁ……ほんとにこれで終《お》わりだからね？」

興味《きょうみ》を惹《ひ》かれた火夏《ほのか》ちゃんを止《と》めることはできそうにない。

かといって火夏《ほのか》ちゃんを置《お》いて戻《もど》るワケにもいかないので、僕《ぼく》も一緒《いっしょ》に「人狼《じんろう》の館《やかた》」へ入《はい》ることにした。

「ふふ、シロならそう言《い》ってくれると思《おも》った！　さ、行《い》こ！」

不意打《ふいう》ち気味《ぎみ》な火夏《ほのか》ちゃんの言葉《ことば》と笑顔《えがお》に、ドキッとした。

……違《ちが》うから、これはそういうんじゃないから。

誰《だれ》に言《い》い訳《わけ》してるのかわからないけど、なんとなく居心地《いごこち》の悪《わる》くなった僕《ぼく》は心《こころ》の中《なか》でそうつぶやいた。

洋館《ようかん》の扉《とびら》に手《て》を当《あ》ててグッと押《お》すと、重《おも》い感触《かんしょく》が伝《つた》わってきた。

ギイィ……と軋《きし》むような音《おと》を立《た》てて、ゆっくりと扉《とびら》が開《ひら》く。

扉《とびら》の先《さき》には奥《おく》に続《つづ》くまっすぐな通路《つうろ》があった。

中《なか》は薄暗《うすぐら》く、両側《りょうがわ》の壁《かべ》にランプがかかっているけど、室内《しつない》を照《て》らすにはちょっと物足《ものた》りない。

一歩《いっぽ》足《あし》を踏《ふ》み入《い》れると、フカフカとした感触《かんしょく》に驚《おどろ》いた。見《み》えにくいけど、血《ち》のように赤《あか》い色《いろ》をした絨毯《じゅうたん》が敷《し》いてあるみたいだ。

「なんだかすごく雰囲気《ふんいき》があるね」

「シロ、こういうお屋敷《やしき》に入《はい》ったことある？」

先《さき》を歩《ある》く火夏《ほのか》ちゃんに手《て》を引《ひ》かれながら僕《ぼく》は答《こた》える。

「あるわけないよ……火夏《ほのか》ちゃんは？」

「アタシもなーい。ね、ちょっとワクワクするね」

普段《ふだん》、入《はい》ったこともない雰囲気《ふんいき》の場所《ばしょ》にいることで、火夏《ほのか》ちゃんは少《すこ》し興奮《こうふん》してるみたいだ。

「そういえばさ、ここってどんなアトラクションなんだろう？」

案内《あんない》の人《ひと》もいなかったし、と僕《ぼく》が続《つづ》けて喋《しゃべ》ったところで目《め》の前《まえ》にまた、入《い》り口《ぐち》と同《おな》じような大《おお》きな扉《とびら》が見《み》えてきた。

「先《さき》に進《すす》めばわかるんじゃない？　行《い》こうよ」

確《たし》かに火夏《ほのか》ちゃんの言《い》うとおりだ。考《かんが》えてても仕方《しかた》ない。

僕《ぼく》たちは扉《とびら》を開《ひら》いて、中《なか》に入《はい》った。

そこは、大《おお》きな広間《ひろま》だった。

「あっ、おい、閉《し》めるな！」

部屋《へや》の中《なか》を確認《かくにん》する間《ま》もなく、誰《だれ》かに声《こえ》をかけられた。

声《こえ》の主《ぬし》は金山《かなやま》くんだった。すぐにこっちに走《はし》ってきて、僕《ぼく》たちの入《はい》ってきた扉《とびら》を開《あ》けようとする。

「……ちっくしょう！　やっぱり開《あ》かねえ！」

「ど、どうしたの？」

状況《じょうきょう》がよくわからない僕《ぼく》はおそるおそる金山《かなやま》くんに声《こえ》をかけた。金山《かなやま》くん、イライラしているみたいで、ちょっと怖《こわ》かったけど……。

「閉《と》じ込《こ》められちまったんだよ……」

「そういうアトラクションなんじゃないの？」

火夏《ほのか》ちゃんの疑問《ぎもん》に、また別《べつ》の声《こえ》が答《こた》える。

「バカばっかりか。なんの案内《あんない》もないまま1時間《じかん》は待《ま》ってる。そんなアトラクションがあるか？」

近《ちか》くの椅子《いす》に腕《うで》を組《く》んで座《すわ》っていた木島《きじま》くんだった。

大広間《おおひろま》を見渡《みわた》すと中央《ちゅうおう》には大《おお》きな黒《くろ》い円形《えんけい》のテーブルがあって、それを囲《かこ》むように8脚《きゃく》の椅子《いす》がある。

椅子《いす》には木島《きじま》くんのほかにも何人《なんにん》かが座《すわ》っていた。よく見《み》ると、全員知《ぜんいんし》り合《あ》い……というかクラスメイトだ。速水《はやみ》さん、土屋《つちや》さん、小日向《こひなた》さん、それに七宝先生《しっぽうせんせい》。僕《ぼく》たちを含《ふく》めると、今《いま》この場所《ばしょ》にいるのは全員《ぜんいん》で8人《にん》か。

プツッ、という音《おと》がした次《つぎ》の瞬間《しゅんかん》、知《し》らない声《こえ》が聞《き》こえてきた。

「人狼《じんろう》ゲーム……というものを知《し》っているかね？　なかなかに興味深《きょうみぶか》い遊《あそ》びだ」

大広間《おおひろま》の上《うえ》のほうを見《み》ると、大《おお》きなモニターがあった。さっきの音《おと》はモニターが点《つ》いた音《おと》だったんだ。

画面《がめん》には、ドクロの仮面《かめん》をかぶった男《おとこ》？　が映《うつ》っていた。

「吾輩《わがはい》は死神《しにがみ》と呼《よ》ばれている。少《すこ》し人生《じんせい》に……いや、神生《じんせい》に退屈《たいくつ》していてね。そこでこの人狼《じんろう》ゲームを君《きみ》たちにやってもらおうと思《おも》う。命《いのち》がけでね」

「やーっとアトラクションの説明《せつめい》かよ……」

金山《かなやま》くんがうんざりした様子《ようす》でつぶやいた。

「アトラクションではないよ。命《いのち》がけだと言《い》っただろう？　これは君《きみ》たちが生《い》きるか死《し》ぬか、人生《じんせい》をかけたゲームなのだよ」

何《なに》を言《い》ってるんだろう、このドクロ男《おとこ》は？

「おい、受《う》け答《こた》えしてるぞ。つまりこれは事前《じぜん》に撮影《さつえい》された映像《えいぞう》ではないってことだ。こっちの会話《かいわ》は聞《き》こえているんだな？」

木島《きじま》くんに言《い》われて気《き》がついた。確《たし》かに死神《しにがみ》を名乗《なの》る男《おとこ》は金山《かなやま》くんの発言《はつげん》に対《たい》して返事《へんじ》をしている。やっぱり木島《きじま》くんは鋭《するど》いな……。

「そのとおりだ。さて、いいかね？　新《あら》たな邪魔《じゃま》が入《はい》る前《まえ》に、説明《せつめい》をさせてもらおう」

そう言《い》って、死神《しにがみ》は人狼《じんろう》ゲームについて語《かた》り始《はじ》めた。

7へ進む

7 命《いのち》がけの人狼《じんろう》ゲーム ルール

1. 8人《にん》の参加者《さんかしゃ》の誰《だれ》かが人狼《じんろう》と入《い》れ替《か》わっている。この人狼《じんろう》を探《さが》し当《あ》てるゲームである。
2. 毎晩一人《まいばんひとり》、参加者《さんかしゃ》の中《なか》に潜《ひそ》む「人狼《じんろう》だと思《おも》われる人物《じんぶつ》」を議論《ぎろん》と投票《とうひょう》で選《えら》び、処刑《しょけい》することができる。
3. 処刑《しょけい》のあとは速《すみ》やかに自室《じしつ》に戻《もど》ること。自室《じしつ》以外《いがい》の場所《ばしょ》で翌日《よくじつ》を迎《むか》えると即座《そくざ》に死亡《しぼう》する。
4. 人狼《じんろう》は毎晩《まいばん》、必《かなら》ず一人《ひとり》だけ参加者《さんかしゃ》を襲撃《しゅうげき》して殺《ころ》す。
5. 人狼《じんろう》をすべて処刑《しょけい》できれば人間《にんげん》の勝利《しょうり》。人間《にんげん》の数《かず》が人狼《じんろう》と同《おな》じか、それ以下《いか》になると人狼《じんろう》の勝利《しょうり》となる。
6. 勝敗《しょうはい》が決《けっ》したら、残《のこ》った者《もの》は解放《かいほう》される。
7. 処刑《しょけい》や夜《よる》の襲撃《しゅうげき》以外《いがい》で誰《だれ》かを殺《ころ》すことは禁止《きんし》。

9 へ進む

8 消《き》えたクラスメイトたち

「やっぱりやめておこうよ」

マップにも載《の》っていないし、嫌《いや》な予感《よかん》がしたので僕《ぼく》は集合場所《しゅうごうばしょ》まで戻《もど》ることにした。

「そう？　じゃ、シロは先《さき》に行《い》ってて。終《お》わったらすぐ戻《もど》るから！」

そう言《い》って火夏《ほのか》ちゃんは館《やかた》の中《なか》へ入《はい》っていった。

火夏《ほのか》ちゃんを一人《ひとり》にするのは気《き》が引《ひ》けたけど、まあ子供《こども》じゃないんだし……。

そう思《おも》って、僕《ぼく》はさっさと集合場所《しゅうごうばしょ》へと歩《ある》いていった。

………………………

遠足《えんそく》から1週間《しゅうかん》がたった。

あの日《ひ》、館《やかた》に入《はい》ったのを最後《さいご》に、火夏《ほのか》ちゃんは行方不明《ゆくえふめい》になった。

集合時間《しゅうごうじかん》を過《す》ぎても戻《もど》らなかったので園内放送《えんないほうそう》までしてもらったけど、帰《かえ》ってこなかった。

それに、帰《かえ》ってこなかったのは火夏《ほのか》ちゃんだけじゃない。

金山《かなやま》くん、速水《はやみ》さん、木島《きじま》くん、土屋《つちや》さん、小日向《こひなた》さん……それに七宝先生《しっぽうせんせい》。

大人《おとな》も含《ふく》めた合計《ごうけい》7人《にん》もの人間《にんげん》が消《き》えてしまったんだ。

火夏《ほのか》ちゃんの最後《さいご》の姿《すがた》を見《み》ていた僕《ぼく》は、警察《けいさつ》にも話《はなし》を聞《き》かれた。

人狼《じんろう》の館《やかた》っていうアトラクションへ入《はい》っていったという話《はなし》をしたけど、そんなアトラクションはないって言《い》われてしまった。

一体《いったい》どういうことなんだろう。だって確《たし》かにあのアトラクションはあったはずなのに。

けれど、僕《ぼく》にはそれを確《たし》かめる勇気《ゆうき》もなくて……あのテーマパークにもあれから一度《いちど》も行《い》っていない。

火夏《ほのか》ちゃんたちは、一体《いったい》どこに消《き》えてしまったんだろう。

BAD END

9 人狼《じんろう》ゲームはやらない

モニターから死神《しにがみ》が消《き》え、人狼《じんろう》ゲームのルールが改《あらた》めて文章《ぶんしょう》で表示《ひょうじ》される。

な、なんだ。「殺《ころ》す」とか「処刑《しょけい》」とか、怖《こわ》い言葉《ことば》ばかりで……。

「なんか難《むずか》しそー。玲音《れおん》はよくわかんないやー」

そう言《い》った土屋《つちや》さんは、やる気《き》なさそうにテーブルへ突《つ》っ伏《ぷ》した。

ほかのみんなは、僕《ぼく》と同《おな》じように戸惑《とまど》っている。ただ木島《きじま》くんだけは鋭《するど》い目《め》つきで、うっすら笑《わら》っているようにも見《み》えた。

「待《ま》て待《ま》て待《ま》て！　命《いのち》がけのゲームだと!?　そんなのやるわけないだろう、常識的《じょうしきてき》に考《かんが》えて！」

それまで静《しず》かに見守《みまも》っていた七宝先生《しっぽうせんせい》が、急《きゅう》に大《おお》きな声《こえ》を出《だ》した。び、びっくりした……いつも生徒《せいと》をしかるときの怒鳴《どな》り声《ごえ》と一《いっ》緒《しょ》だ。

そんな先生《せんせい》を無視《むし》して、速水《はやみ》さんがいつもの落《お》ち着《つ》いた調子《ちょうし》で

死神《しにがみ》に質問《しつもん》する。

「人狼《じんろう》は本当《ほんとう》に人《ひと》を殺《ころ》すの？　ワタシたちは本当《ほんとう》に誰《だれ》かを処刑《しょけい》しなきゃいけないの？　……これはアトラクションではなく、実際《じっさい》に死《し》ぬの？」

最後《さいご》の質問《しつもん》のときだけ、少《すこ》し声《こえ》が震《ふる》えていたように聞《き》こえたのは僕《ぼく》の気《き》のせいだろうか？

でも気持《きも》ちはわかる。自分《じぶん》たちが死《し》ぬかどうかなんて、気軽《きがる》に聞《き》けることじゃない。

「すべて、真実《しんじつ》だ」

モニターから、死神《しにがみ》の声《こえ》だけが返《かえ》ってくる。ただそれ以上《いじょう》は続《つづ》かず、もう喋《しゃべ》ることはないといった風《ふう》に再《ふたた》び黙《だま》ってしまった。

「い、嫌《いや》です！　死《し》にたくありません！」

小日向《こひなた》さんが、信《しん》じられないといった様子《ようす》で叫《さけ》ぶ。

「バカバカしい！　こんなアトラクションに入《はい》ったのが間違《まちが》いだったんだ！　おい、さっさと出《だ》しなさい！　出口《でぐち》はどこだ⁉」

一方《いっぽう》、先生《せんせい》の調子《ちょうし》は変《か》わらない。アトラクションだと思《おも》い込《こ》んだまま文句《もんく》を言《い》っている。

僕《ぼく》もまだ半分《はんぶん》ぐらいは、これが悪趣味《あくしゅみ》な演出《えんしゅつ》だと思《おも》っている……いや、そう思《おも》いたいのかもしれない。

　でも、だったらどうすればいいんだろう。まるで、わからない。

「あっ、そういえばスマホは？　外《そと》にいる誰《だれ》かと連絡《れんらく》が取《と》れれば、外《そと》から開《あ》けてもらえるんじゃない!?」

　重苦《おもくる》しい雰囲気《ふんいき》を吹《ふ》き飛《と》ばすように、火夏《ほのか》ちゃんがポケットからスマホを取《と》り出《だ》して操作《そうさ》する。

　けど、すぐにその動《うご》きは止《と》まってしまった。

「ウソ……なんで動《うご》かないの……？」

「そんなのはオレたちだってさっさと試《ため》したさ。なんでかわかんねえけど……スマホはぶっ壊《こわ》れたみたいに動《うご》かねえ」

　ドカッと入《い》り口《ぐち》の扉《とびら》を蹴《け》りながら、金山《かなやま》くんがつぶやいた。

「脱出《だっしゅつ》できるのは勝利《しょうり》した者《もの》のみだ。まあ、自由《じゆう》に過《す》ごすといい。個室《こしつ》も用意《ようい》してある」

　僕《ぼく》たちにとどめを刺《さ》すように死神《しにがみ》がそう言《い》い終《お》わると、カチャッという音《おと》が響《ひび》いた。大広間《おおひろま》の周囲《しゅうい》にある10の扉《とびら》のうち、いくつか

が開《ひら》いたみたいだ。

「うわ、すっごー！　ベッドあるよ！　あ、コレは冷蔵庫《れいぞうこ》かなー⁉」

それまで退屈《たいくつ》そうにしていた土屋《つちや》さんが、ガバッと立《た》ち上《あ》がって扉《とびら》の先《さき》に消《き》えていった。

動《うご》くのが早《はや》い。

部屋《へや》に罠《わな》はなさそうだ。まあそもそも、今《いま》のこの状況《じょうきょう》自体《じたい》が罠《わな》みたいなものだけど……。

「……火夏《ほのか》ちゃんはどうすればいいと思《おも》う？」

僕《ぼく》は、隣《となり》で難《むずか》しい顔《かお》をしている火夏《ほのか》ちゃんに話《はな》しかけた。

「そうね……今《いま》は考《かんが》えても仕方《しかた》がないし、休《やす》めるうちに休《やす》んでおいたほうがいい……と思《おも》う」

珍《めずら》しく曖昧《あいまい》な言《い》い方《かた》だ。火夏《ほのか》ちゃんも、今《いま》の状況《じょうきょう》でどうすればいいのか判断《はんだん》できないんだろう。

「ワタシもそれに同意《どうい》する。そして処刑《しょけい》には反対《はんたい》する。そんなこと、できるわけがない」

「オレは休《やす》めるならもうなんだっていいよ……今日《きょう》は疲《つか》れたぜ」

きっかけが欲《ほ》しかったんだろうか。火夏《ほのか》ちゃんの発言《はつげん》に、次々《つぎつぎ》と同意《どうい》の声《こえ》が返《かえ》ってきた。

「仕方《しかた》ない。みんなも疲《つか》れてるだろうから、今日《きょう》のところはひとまず休《やす》もう。まったく納得《なっとく》できないがな」

そこに先生《せんせい》の声《こえ》が重《かさ》なった。さっきまでとは様子《ようす》が変《か》わって、だいぶ落《お》ち着《つ》いているようだ。

それは先生《せんせい》が大人《おとな》だからなのかな？

先生《せんせい》の指示《しじ》によって、みんなそれぞれ個室《こしつ》に入《はい》っていく。

でも、僕《ぼく》はみんなと離《はな》れることが……というより、火夏《ほのか》ちゃんと離《はな》ればなれになることがとても怖《こわ》く思《おも》えた。

それを察《さっ》したのか、火夏《ほのか》ちゃんがそばに来《き》て僕《ぼく》の手《て》をギュッと握《にぎ》りながら言《い》った。

「シロ、大丈夫《だいじょうぶ》だから。休《やす》んで元気《げんき》になったら、またここから出《で》る方法《ほうほう》を探《さが》そう。だから今《いま》はしっかり寝《ね》て、体力《たいりょく》を回復《かいふく》させないと。ね？」

いつものように、弟《おとうと》に諭《さと》すような言《い》い方《かた》だったけど、今《いま》の僕《ぼく》にはそれがとても頼《たの》もしく思《おも》えた。

「……ありがとう、火夏《ほのか》ちゃん」

それじゃ、と言《い》って僕《ぼく》たちは別《わか》れてそれぞれの個室《こしつ》へと入《はい》って

いった。

扉《とびら》を閉《し》めると、ガチッと音《おと》がした。どうやら自動《じどう》で鍵《かぎ》が閉《し》まったみたいだ。

けど、どこにも開《あ》けられそうな鍵《かぎ》が見《み》つからない。閉《と》じ込《こ》められた……!?

少《すこ》し焦《あせ》ったけど、逆《ぎゃく》に言《い》えば外《そと》から誰《だれ》も入《はい》ってこられないということでもある。

そう考《かんが》えるとホッとして、ベッドに腰《こし》かけた。

一人《ひとり》になると、つい、今日《きょう》あったことをいろいろと思《おも》い出《だ》してしまう。途中《とちゅう》までは楽《たの》しかったのに、なんでこんなことに……。

明日《あした》からはどうすればいいんだろう。ここから出《で》られるんだろうか？

そんなことばっかりぐるぐると頭《あたま》の中《なか》で考《かんが》えていると、急《きゅう》に瞼《まぶた》が重《おも》くなってきた。

そして、僕《ぼく》は……。

10へ進む

10 人狼《じんろう》ゲームの始《はじ》まり

「ん……あっ⁉」

目《め》が覚《さ》めた。昨日《きのう》、ベッドに座《すわ》っていろんなことを考《かんが》えているうちに眠《ねむ》ってしまったらしい。変《へん》な体勢《たいせい》で寝《ね》ていたから、身体《からだ》があちこち痛《いた》い。髪《かみ》もボサボサだし……おっと、よだれも垂《た》れていた。

手《て》の甲《こう》で口元《くちもと》を拭《ふ》いて、改《あらた》めて室内《しつない》を見回《みまわ》す。自分《じぶん》の家《いえ》、自分《じぶん》の部屋《へや》じゃない……昨日《きのう》のことは、夢《ゆめ》じゃなかったんだ。

部屋《へや》にあった洗面台《せんめんだい》で顔《かお》を洗《あら》い、最低限《さいていげん》の身《み》だしなみを整《ととの》えてから扉《とびら》の前《まえ》まで移動《いどう》する。

昨日《きのう》は自動的《じどうてき》に鍵《かぎ》が閉《し》まったけど……。

ドアノブは、なんの抵抗《ていこう》もなく簡単《かんたん》に動《うご》いた。

扉《とびら》を開《あ》けて大広間《おおひろま》に出《で》ると、もうみんな集《あつ》まっていた。

「おはよう……でいいんだよね？」

「シロ……！　よかった、おはよう」

火夏《ほのか》ちゃんは僕《ぼく》の姿《すがた》を見《み》ると、ホッとしたような顔《かお》で挨拶《あいさつ》を返《かえ》してくれた。

ほかに、速水《はやみ》さんや土屋《つちや》さんは挨拶《あいさつ》を返《かえ》してくれたけど、金山《かなやま》くんや木島《きじま》くん、小日向《こひなた》さんは黙《だま》ったままだ。

個室《こしつ》にも大広間《おおひろま》にも、窓《まど》がない。だから今《いま》が朝《あさ》なのか夜《よる》なのかは、時計《とけい》で確認《かくにん》するしかない。

大広間《おおひろま》に掛《か》けられてる大《おお》きな時計《とけい》は、8時《じ》過《す》ぎを示《しめ》していた。

……あれ？

「先生《せんせい》はまだ起《お》きてないの？」

先生《せんせい》は大人《おとな》だし、それに何《なに》よりすごく几帳面《きちょうめん》だから、真《ま》っ先《さき》に起《お》きていると思《おも》ってた。寝《ね》坊《ぼう》したのかな？

「のんきなもんだな」

木島《きじま》くんが馬鹿《ばか》にしたようなニュアンスで喋《しゃべ》った。

それは先生《せんせい》のことなのか、僕《ぼく》のことなのか、どっちなんだろう。

「ねえ……やっぱりおかしいよ。先生《せんせい》を呼《よ》びにいってみない？」

火夏《ほのか》ちゃんの提案《ていあん》に、誰《だれ》も反対《はんたい》する人《ひと》はいなかった。

昨日《きのう》、先生《せんせい》が入《はい》っていった部屋《へや》の前《まえ》まで全員《ぜんいん》で移動《いどう》する。

「先生《せんせい》。起《お》きてますか？」

火夏《ほのか》ちゃんが呼《よ》びかけても、扉《とびら》をノックしても、まったく反応《はんのう》がなかった。

「なぁ、センセー、いい加減《かげん》起《お》きろって！」

イラついた様子《ようす》の金山《かなやま》くんがドアノブに手《て》をかけると、扉《とびら》はあっさりと開《ひら》いた。

その瞬間《しゅんかん》、鉄《てつ》の錆《さ》びたような臭《にお》いがただよい始《はじ》める。

嫌《いや》な予感《よかん》がした。

部屋《へや》の中《なか》は暗《くら》い。

金山《かなやま》くんが入《い》り口《ぐち》のそばにあった電気《でんき》のスイッチを入《い》れると、それは、はっきりと僕《ぼく》たちの前《まえ》に姿《すがた》を現《あらわ》した。

「い、いやあああああ!!」

部屋中《へやじゅう》に響《ひび》くような声《こえ》をあげたのは小日向《こひなた》さんだ。でも、誰《だれ》も注意《ちゅうい》しない。できるはずがなかった。

最初《さいしょ》ソレはデミグラスソースをかけたマネキンか何《なに》かだと思《おも》った。

でも周囲《しゅうい》に立《た》ち込《こ》めている独特《どくとく》の臭《にお》いが、人形《にんぎょう》なんかじゃないことを物語《ものがた》っている。

ソレは、七宝先生《しっぽうせんせい》だった。

ベッドの上《うえ》に、七宝先生《しっぽうせんせい》が横《よこ》たわっている。

ただその全身《ぜんしん》は赤黒《あかぐろ》く染《そ》まっていて、身体中《からだじゅう》には獣《けもの》にでも噛《か》み千切《ちぎ》られたような傷《きず》がいくつもついていた。

「は……？　オイ……なんだこりゃ……」

「う、嘘《うそ》でしょ……」

みんな、目《め》の前《まえ》の光景《こうけい》にまるで動《うご》けずにいた。

僕《ぼく》もそうだ。昨日《きのう》まで——つい数時間前《すうじかんまえ》まで生《い》きていたはずの先生《せんせい》が、今《いま》はもう……。

「ぐっ」

急《きゅう》に吐《は》き気《け》がこみ上《あ》げてきた。喉《のど》の奥《おく》から、何《なに》かが駆《か》け上《あ》がってくる感覚《かんかく》。

止《と》めようと思《おも》ってもどうにもできない。

僕《ぼく》は慌《あわ》てて洗面台《せんめんだい》まで走《はし》って、胃《い》の中身《なかみ》を吐《は》き出《だ》した。

苦《くる》しい。喉《のど》が焼《や》けるような痛《いた》みと、酸《す》っぱい臭《にお》いが鼻《はな》をつく。

「これが……人狼《じんろう》の仕業《しわざ》……」

速水《はやみ》さんがつぶやいた一言《ひとこと》で、みんなの雰囲気《ふんいき》が変《か》わったのを感《かん》じた。

「……とりあえず、広間《ひろま》に戻《もど》ろう。これからどうするか、話《はな》し合《あ》ったほうがいい」

そう言《い》った速水《はやみ》さんは、誰《だれ》の返事《へんじ》を待《ま》つこともなく先生《せんせい》の部屋《へや》を後《あと》にした。

僕《ぼく》も、慌《あわ》てて口《くち》をすすいで広間《ひろま》へ戻《もど》る。……１秒《びょう》でも早《はや》く、この場所《ばしょ》から逃《に》げ出《だ》したかった。

11 へ進む

11

「人狼《じんろう》の館《やかた》」の探索《たんさく》

大広間《おおひろま》に戻《もど》ると、みんなじっと黙《だま》っていた。

あんなものを見《み》てしまったからか、ぐったりとしている人《ひと》が多《おお》い。

何人《なんにん》かはそうじゃない人《ひと》もいるみたいだけど……。

そのとき、モニターが点灯《てんとう》してヤツが現《あらわ》れた。死神《しにがみ》だ。

「確認《かくにん》していただけたかね？　それで、君《きみ》たちはどうするのだ？　このままじっと座《すわ》って待《ま》っているだけかね？　生《い》きて帰《かえ》りたくはないのかね？」

確認《かくにん》……それが、先生《せんせい》のことを言《い》っているのはわかった。

「アレは……テメェがやったことなのか⁉」

テーブルにダンッと拳《こぶし》を打《う》ちつけて立《た》ち上《あ》がりながら、金山《かなやま》くんが叫《さけ》ぶ。

「吾輩《わがはい》ではない。人狼《じんろう》の仕業《しわざ》だよ。そう、君《きみ》たちの中《なか》に紛《まぎ》れ込《こ》んだ人狼《じんろう》のね」

「そのバケモンを操《あやつ》ってんのは、テメェだろうがっ！」

金山《かなやま》くんの怒《いか》りは収《おさ》まらない。

ほかのみんなも怒鳴《どな》りはしないけど、全員《ぜんいん》が同《おな》じ気持《きも》ちだと思《おも》う。

「ふむ、まあそう考《かんが》えてもらっても構《かま》わないが……それで何《なに》かが変《か》わるかね？」

「どういうことだよ！」

「君《きみ》たちが生還《せいかん》するには、このゲームに勝利《しょうり》するしかない。それはルールにもあったはずだが？」

「チッ……イカサマとか仕込《しこ》んでんじゃねぇだろうな」

金山《かなやま》くんの発言《はつげん》は当然《とうぜん》のことのように思《おも》える。

人狼《じんろう》が死神《しにがみ》の手先《てさき》なら、ルールなんて破《やぶ》って全員《ぜんいん》を殺《ころ》してもおかしくない。

いや、そもそもゲーム自体《じたい》が、死神《しにがみ》の気分次第《きぶんしだい》でひっくり返《かえ》される可能性《かのうせい》もあるんだ。

「イカサマ……？」

死神《しにがみ》の声《こえ》のトーンが少《すこ》し変《か》わったような気《き》がした。

それは、プライドの高《たか》い先生《せんせい》が、授業中《じゅぎょうちゅう》に自分《じぶん》の間違《まちが》いを生徒《せいと》に指摘《してき》されたときのような、威圧的《いあつてき》な感《かん》じがした。

「そんなことをするはずがない。ゲームはフェアでなければ楽《たの》しめないだろう。ルールを破《やぶ》るようなことは、ない」

僕《ぼく》には死神《しにがみ》が、バカにするな、と言《い》っているように聞《き》こえた。

「……まあいい。何《なに》もしなければどうなるかは、すでに示《しめ》された。ここから先《さき》は吾輩《わがはい》を楽《たの》しませてくれることを願《ねが》うよ。クックック……」


その言葉《ことば》を最後《さいご》に、モニターは電源《でんげん》が落《お》ちたように真《ま》っ暗《くら》になった。

「……クソッ、本当《ほんとう》にやるしかねえのか⁉　どこにも出口《でぐち》はねえのかよ！」

「出口《でぐち》って言《い》えばさー、まだ見《み》てない扉《とびら》があるよねー？　アレなんなんだろ？」

そういえば……土屋《つちや》さんの言《い》うとおり、僕《ぼく》たちが入《はい》ってきた入《い》り口《ぐち》とは逆側《ぎゃくがわ》に、誰《だれ》かの個《こ》室《しつ》じゃない、まだ開《ひら》いてない扉《とびら》が一《ひと》つある。

もしかしたら、そこに出口《でぐち》がある……？

そんなワケない、と思《おも》いつつも、その可能性《かのうせい》を考《かんが》えてしまう。それは、金山《かなやま》くんも同《おな》じだったようだ。

「見《み》るだけ見《み》てみようぜ。出口《でぐち》か……そうじゃなくても、何《なに》か役《やく》に立《た》つモンがあるかもしれねえ」

金山《かなやま》くんを先頭《せんとう》にして、僕《ぼく》たちはまだ調《しら》べていなかった扉《とびら》の前《まえ》まで移動《いどう》する。

「お、開《ひら》いたぜ……でも、なんだこれ」

開《ひら》かれた扉《とびら》の先《さき》には、奥《おく》まで長《なが》い通路《つうろ》がまっすぐに続《つづ》いていた。

館《やかた》の入《い》り口《ぐち》から続《つづ》いていた通路《つうろ》と同《おな》じように薄暗《うすぐら》くて、床《ゆか》もフカフカした絨毯《じゅうたん》だ。さらに、通路《つうろ》の両側《りょうがわ》にはいくつもの扉《とびら》があった。僕《ぼく》はつい、つぶやいてしまう。

「えっ、まだほかに部屋《へや》があるってこと……？」

「見《み》りゃわかんだろ。オマエ、やっぱちょっと鈍《どん》くさいところが……いや、今《いま》はいいや。それより、見《み》て回《まわ》ろうぜ」

「わーい、探検《たんけん》だー！」

「おい、待《ま》て。一人《ひとり》で先走《さきばし》るな、バカが！」

止《と》める間《ま》もなく、土屋《つちや》さんが走《はし》り出《だ》してしまった。それを木島《きじま》くんが、文句《もんく》を言《い》いながらも追《お》いかけていく。

「え、えーと……」

「とりあえず、一番近《いちばんちか》いところから見《み》ていこっか？」

戸惑《とまど》っていた僕《ぼく》に火夏《ほのか》ちゃんが助《たす》け船《ぶね》を出《だ》してくれた。

「……じゃあ、気《き》を取《と》り直《なお》してここから開《あ》けるぞ」

金山《かなやま》くんが思《おも》い切《き》って扉《とびら》を開《あ》けると、そこには奇妙《きみょう》な光景《こうけい》が広《ひろ》がっていた。

白《しろ》くて四角《しかく》いテーブル、白《しろ》い椅子《いす》、部屋《へや》の中《なか》を照《て》らすライトも白《しろ》い光《ひかり》を放《はな》ってる。確《たし》かこういうの、昼白色《ちゅうはくしょく》っていうんだっけ。

洋館《ようかん》にある部屋《へや》としてはちょっと違和感《いわかん》がある。洋館《ようかん》の部屋《へや》っていうと、もっと古《ふる》くて歴史《れきし》を感《かん》じさせるようなイメージがあるけど……この部屋《へや》だけまるで新《あたら》しく建《た》てた家《いえ》みたいな、使用感《しようかん》がないんだ。

「おい、こっちになんかあるぞ」

金山《かなやま》くんの声《こえ》がしたほうを見《み》てみると、そこには流《なが》し台《だい》や、金山《かなやま》くんの身長《しんちょう》より大《おお》きい冷《れい》蔵庫《ぞうこ》らしきものがあった。そうか、ここは……食堂《しょくどう》か。

グーーーーーッ。

「今《いま》の、何《なに》？」

速水《はやみ》さんが冷《つめ》たい目《め》で僕《ぼく》を見《み》てる気《き》がする。

「いや……ごめん。よく考《かんが》えたら、昨日《きのう》の夜《よる》から何《なに》も食《た》べてないから……」

というか、みんなはお腹《なか》すいてないんだろうか？

「あ、そうだ。アタシも、シロと一緒《いっしょ》にお弁当《べんとう》を食《た》べたのが最後《さいご》だった」

「こんな状況《じょうきょう》だったからすっかり忘《わす》れてたな」

「……でも、ワタシも意識《いしき》したとたんにお腹《なか》が減《へ》ってきた」

みんなが口々《くちぐち》に言《い》い出《だ》す。昨日《きのう》は疲《つか》れてすぐ寝《ね》ちゃったし、朝《あさ》はあんなことがあったし……。そういえば、個室《こしつ》の冷蔵庫《れいぞうこ》は確認《かくにん》してないけど、あそこに食《た》べ物《もの》はあるんだろうか？

「あ、あの……」

頭《あたま》の中《なか》が食欲《しょくよく》に支配《しはい》されかかっていた僕《ぼく》たちに、おずおずと声《こえ》をかけてくる人《ひと》がいた。ずっと静《しず》かについてきた小日向《こひなた》さんだ。

「よければ……わたくしが何《なに》か作《つく》りましょうか……？　そこの……冷蔵庫《れいぞうこ》の中《なか》に、食材《しょくざい》があればですけど……」

「えっ、本当《ほんとう》？　小日向《こひなた》さん、料理《りょうり》できるの？」

火夏《ほのか》ちゃんが興味津々《きょうみしんしん》といった感《かん》じで小日向《こひなた》さんに話《はな》しかけた。

そういえば火夏《ほのか》ちゃん、料理《りょうり》が苦手《にがて》だって言《い》ってたな。

遠足《えんそく》のお弁当《べんとう》も自分《じぶん》で作《つく》ったらしいけど、おかずが焦《こ》げたり、ご飯《はん》がべちょべちょだったりで、結局《けっきょく》、お母《かあ》さんが作《つく》ったものを持《も》たされたハズだ。

「は、はい……わたくし、料理《りょうり》が趣味《しゅみ》でして……」

「おい、よくわかんねえけど、食材《しょくざい》はたくさんありそうだぜ」

二人《ふたり》が話《はな》している間《あいだ》に、金山《かなやま》くんが冷蔵庫《れいぞうこ》の中身《なかみ》を確《たし》かめていた。チラッと見《み》えたけど、いろんなものがぎっしり詰《つ》まっているみたいだった。

「わ、あっかるーい。なにここー」

「あのな、お前《まえ》は自由《じゆう》過《す》ぎる。付《つ》き合《あ》わされるこっちの身《み》にもなってみろ」

そこへ、土屋《つちや》さんと木島《きじま》くんがやってきた。僕《ぼく》は声《こえ》をかける。

「あ、おかえり……探索《たんさく》はどうだったの？」

「フン……簡単《かんたん》に扉《とびら》を開《あ》けて見《み》てきただけだがな。どうやらいろんな部屋《へや》があるらしい。本《ほん》がたくさん詰《つ》まった図書室《としょしつ》、ビリヤー

ド台《だい》やスロットが置《お》いてあるレクリエーションルーム、洗濯乾燥機《せんたくかんそうき》のある部屋《へや》や、室内庭園《しつないていえん》もあったな」

それでもまだ全部《ぜんぶ》は回《まわ》り切《き》れてないらしい。

「でもでもー、お腹《なか》すいたから戻《もど》ってきたのー！」

土屋《つちや》さんたちも、ようやく空腹《くうふく》を意識《いしき》したみたいだ。

「ちょうどよかった、小日向《こひなた》さんが料理《りょうり》作《つく》ってくれるんだって！」

「あ、あの、でも……その……あまり期待《きたい》されても……」

「食《く》えるものならなんでもいい。部屋《へや》の冷蔵庫《れいぞうこ》には飲《の》み物《もの》しかなかったからな」

木島《きじま》くん、その言《い》い方《かた》は小日向《こひなた》さんに失礼《しつれい》だと思《おも》う。

「おい、その言《い》い方《かた》は失礼《しつれい》だろ」

と、そう思《おも》ったのは僕《ぼく》だけじゃなかったみたいだ。金山《かなやま》くんが木島《きじま》くんに注意《ちゅうい》を始《はじ》めた。

「自分《じぶん》は別《べつ》に、作《つく》ってくれと頼《たの》んだ覚《おぼ》えはないからな」

「なんだと……木島《きじま》、オマエなあ……」

ヤバい。今《いま》にも喧嘩《けんか》が始《はじ》まりそうな雰囲気《ふんいき》だ。

けど、僕《ぼく》が割《わ》って入《はい》ったところで止《と》められそうもない。どうしよう……。

「はい、ストップ。金山《かなやま》くんも木島《きじま》くんも、今《いま》そんなことしてる場合《ばあい》じゃないでしょ」

僕《ぼく》が戸惑《とまど》っていると、火夏《ほのか》ちゃんが二人《ふたり》の間《あいだ》に入《はい》っていった。

「お腹《なか》がすいてるからイライラするのよ。ね？」

だからご飯《はん》にしよう、と改《あらた》めて提案《ていあん》された。みんな、お腹《なか》がすいてるのは確《たし》かなので反対《はんたい》する人《ひと》はいなかった。すると小日向《こひなた》さんがすまなさそうに言《い》う。

「あ……でも、少《すこ》し時間《じかん》はかかると思《おも》います……」

「え、そうなの？　なんかこう……パパっとできちゃわない⁉」

火夏《ほのか》ちゃん、それは無理《むり》でしょ。ウチのお父《とう》さんみたいなこと言《い》ってる。

「じゃあ飯《めし》ができる前《まえ》に、やることやっておこうぜ。木島《きじま》のヤツは気《き》に食《く》わねえけど、ほかの部屋《へや》を探索《たんさく》ってのは賛成《さんせい》だ。さっきの話《はなし》じゃ、まだいろんな部屋《へや》があるみたいだしな。もしかしたら出口《でぐち》か、そうじゃなくても扉《とびら》を壊《こわ》せる道具《どうぐ》とかあるんじゃねえか⁉　きっとそうだぜ！」

金山《かなやま》くんは自分《じぶん》で喋《しゃべ》っているうちに、脱出《だっしゅつ》できるという気持《きも》ちが大《おお》きくなっていったみたいだ。最後《さいご》のほうは、笑顔《えがお》になっていた。

「ふう……自分《じぶん》は、もう少《すこ》しほかの部屋《へや》を見《み》てくる。料理《りょうり》ができる頃《ころ》には戻《もど》る」

「そうだそうだ！　探索《たんさく》は楽《たの》しいぞー！　行《い》こ行《い》こー！」

そう言《い》って、金山《かなやま》くん、木島《きじま》くん、土屋《つちや》さんの三人《さんにん》はさっさと部屋《へや》を出《で》ていってしまった。

「……可能性《かのうせい》は低《ひく》いと思《おも》うけど、何《なに》か見《み》つからないとも限《かぎ》らないし」

速水《はやみ》さんもそう言《い》って、部屋《へや》を出《で》ていく。

僕《ぼく》はどうしよう……。

「えっと……それじゃ、アタシたちはどうしようか？」

「えっ、僕《ぼく》が決《き》めるの？　ええと……」

【小日向さんの料理を手伝う】なら 12 へ進む

【火夏ちゃんと一緒に館を探索する】なら 15 へ進む

12 小日向《こひなた》さんの料理《りょうり》の腕《うで》はプロ並《な》み

「僕《ぼく》は小日向《こひなた》さんを手伝《てつだ》うよ。たまに、家《いえ》でお母《かあ》さんと一緒《いっしょ》に料理《りょうり》することもあるし……」

「ふーん……じゃあシロの腕前《うでまえ》に期待《きたい》しちゃおうかな。あ、小日向《こひなた》さんもね！」

火夏《ほのか》ちゃんがイタズラっぽい笑顔《えがお》を浮《う》かべて、ニヤニヤしながら言《い》った。アレは絶対《ぜったい》、「シロに料理《りょうり》なんてできるの？」って顔《かお》だ。

「……すごいの作《つく》るから期待《きたい》しててよ。ね、小日向《こひなた》さん」

つい対抗《たいこう》して余計《よけい》なことを言《い》っちゃった。自分《じぶん》だけだと無理《むり》かもしれないけど、小日向《こひなた》さんもいるし……火夏《ほのか》ちゃんを驚《おどろ》かせてやるぞ。

「あわわわわ……わ、わたくしは普通《ふつう》の料理《りょうり》しかできませんが……て、手伝《てつだ》ってくださるのは助《たす》かります」

「ふふ、じゃあ二人《ふたり》ともお願《ねが》いね！」

そう言《い》って、火夏《ほのか》ちゃんも館《やかた》の探索《たんさく》に出《で》ていった。さあ、僕《ぼく》た

ちは料理《りょうり》を頑張《がんば》ろう。

「それじゃあ、何《なに》から始《はじ》めればいいかな？」

「あ、それでは……メインのお料理《りょうり》は、何《なに》にしましょうか」

「そうだね……体力《たいりょく》つけたいし、お肉《にく》が食《た》べたい……かな？」

小日向《こひなた》さんの料理《りょうり》の腕前《うでまえ》はプロ顔負《かおま》けで、お店《みせ》でしか聞《き》いたことないような名前《なまえ》の料理《りょうり》が次々《つぎつぎ》とできあがっていった。

僕《ぼく》も手伝《てつだ》ったけど、ほとんど小日向《こひなた》さんの指示《しじ》に従《したが》っただけだ。

手伝《てつだ》う、なんて言《い》ったのが恥《は》ずかしくなってきた……うう。

探索《たんさく》から帰《かえ》ってきたみんなで食卓《しょくたく》を囲《かこ》む。

結局《けっきょく》、出口《でぐち》や脱出《だっしゅつ》のヒントになるようなものは見《み》つけられなかったみたいだ。

そして、夜《よる》が来《く》ると、誰《だれ》が人狼《じんろう》なのかを見《み》つけ出《だ》す議論《ぎろん》が始《はじ》まった。

同級生《どうきゅうせい》の中《なか》に、先生《せんせい》を殺《ころ》した人《ひと》がいるなんて考《かんが》えたくない。

……でも、やらなきゃ帰《かえ》ることができない。

議論《ぎろん》は、とても苦《くる》しかった。

あのときの発言《はつげん》が怪《あや》しかった、あのとき喋《しゃべ》らなかったのが怪《あや》しい、あのとき何《なに》をしていた？

そうやって、ほんのちょっとした行動《こうどう》さえ「人狼《じんろう》なんじゃないか」っていう疑《うたが》いのもとにされる。

クラスメイトを疑《うたが》うことも苦《くる》しかったし、誰《だれ》かに注目《ちゅうもく》されないように、行動《こうどう》に気《き》を付《つ》けなきゃいけないのが本当《ほんとう》につらかった。

でも人狼《じんろう》に対抗《たいこう》するために僕《ぼく》たちが持《も》っているのは、言葉《ことば》しかなかった。

議論《ぎろん》に議論《ぎろん》を重《かさ》ねて、最後《さいご》に処刑《しょけい》するクラスメイトを決《き》める。

とても重《おも》い決断《けつだん》だったけど、僕《ぼく》たちはそれを実行《じっこう》した。

最後《さいご》の夜《よる》、再《ふたた》びクラスメイトを処刑《しょけい》したあと、死神《しにがみ》が現《あらわ》れた。

「勝敗《しょうはい》は決《けっ》した。人狼側《じんろうがわ》の勝利《しょうり》だ。残念《ざんねん》ながら、君《きみ》たちは負《ま》けてしまった。もう少《すこ》し楽《たの》しませてくれると思《おも》ったのだがね……」

つまらなさそうにそう言《い》って、死神《しにがみ》はすぐに消《き》えてしまった。

そんな。そんな馬鹿《ばか》な。

これで終《お》わりだなんて。

残《のこ》った人《ひと》たちの怒鳴《どな》り声《ごえ》や、悲鳴《ひめい》が聞《き》こえる。

でもどうしろっていうんだ。毎日《まいにち》、絶対《ぜったい》に誰《だれ》かが人狼《じんろう》に殺《ころ》されるってことに怯《おび》えながら、議論《ぎろん》を続《つづ》けてきた。

ほかにいいやり方《かた》があったんだろうか？

たとえば、誰《だれ》が人狼《じんろう》かわかるような力《ちから》があれば……。

……いや、そんな都合《つごう》のいい力《ちから》なんてあるわけない。

それに、今《いま》さらそんなことを考《かんが》えてももう、意味《いみ》はないんだ。

ああ、僕《ぼく》たちはこれから、人狼《じんろう》に食《た》べられてしまうのか——。

BAD END

13 シアタールーム

火夏《ほのか》ちゃんと一緒《いっしょ》に扉《とびら》を開《ひら》くと、そこは薄暗《うすぐら》い部屋《へや》だった。

壁際《かべぎわ》に大《おお》きなスクリーンが設置《せっち》されていて、反対側《はんたいがわ》には座《すわ》り心地《ごこち》のよさそうな座席《ざせき》が10席《せき》ほど備《そな》え付《つ》けられている。まるで小《ちい》さな映画館《えいがかん》だ。

スクリーンの両側《りょうがわ》には棚《たな》があって、上《うえ》までびっしりと映画《えいが》のソフトが詰《つ》められていた。

スクリーンには今《いま》まさに、何《なに》かの映画《えいが》が映《うつ》っている。

座席《ざせき》のほうを見《み》ると中央《ちゅうおう》のあたりに木島《きじま》くんが座《すわ》っていて、真剣《しんけん》な顔《かお》で上映作《じょうえいさく》に見入《みい》っていた。

「あ、あの……」

僕《ぼく》が声《こえ》をかけると、木島《きじま》くんは前《まえ》を向《む》いたまま小《ちい》さく言《い》う。

「話《はな》しかけるな。上映中《じょうえいちゅう》は静《しず》かにしてろ。マナーも守《まも》れないのか」

「ご、ごめん……でも、何《なに》か脱出《だっしゅつ》のヒントになるようなものがあったか聞《き》きたくて……」

木島《きじま》くんは大《おお》きな溜《た》め息《いき》をついたあと、手元《てもと》にあるリモコンを操作《そうさ》して映画《えいが》を一時停止《いちじていし》した。

「ヒントなんてあるわけないだろう。映画《えいが》はしょせん作《つく》りものだ、どれだけ優《すぐ》れていようがな」

「そうなんだね……木島《きじま》くんは映画《えいが》、嫌《きら》いなの？」

「なんでそうなる。自分《じぶん》は映画《えいが》を観《み》ているときが一番《いちばん》落《お》ち着《つ》くんだ。考《かんが》えの邪魔《じゃま》だから、用《よう》が済《す》んだらさっさと別《べつ》の場所《ばしょ》へ行《い》け」

怒《おこ》ったように、椅子《いす》のひじかけを叩《たた》く木島《きじま》くん。会話《かいわ》する気《き》はまるでないみたいだ。

木島《きじま》くんが座《すわ》っている椅子《いす》の横《よこ》には、ほかにもいくつも映画《えいが》のソフトケースが置《お》かれていた。アレを全部《ぜんぶ》観《み》る気《き》なんだろうか？

隣《となり》にいた火夏《ほのか》ちゃんのほうを見《み》ると、両手《りょうて》を肩《かた》の高《たか》さまであげて「やれやれ……」ってポーズを取《と》った。もしかして、こうなることがわかっていたから今《いま》まで黙《だま》ってたの？

これ以上《いじょう》ここにいても仕方《しかた》がない……探索《たんさく》に戻《もど》ろう。

【図書室を探索する】なら 14 へ進む
【室内庭園を探索する】なら 31 へ進む
【探索を終える】なら 16 へ進む

14 壁一面《かべいちめん》の本棚《ほんだな》

火夏《ほのか》ちゃんと、図書室《としょしつ》へとやってきた。

教室二《きょうしつふた》つ分《ぶん》ぐらいの大《おお》きな部屋《へや》だ。壁《かべ》には隙間《すきま》なくびっしりと本棚《ほんだな》が並《なら》んでいる。室内《しつない》には先《さき》に速水《はやみ》さんがいて、本《ほん》を読《よ》んでいた。

この部屋《へや》にある本《ほん》を読《よ》むだけで人生《じんせい》が終《お》わっちゃいそうだ……なんて、普段《ふだん》あまり読書《どくしょ》しない僕《ぼく》なんかはそう思《おも》うんだけど。

速水《はやみ》さんにかかれば、半年《はんとし》もあれば全部読《ぜんぶよ》んでしまいそうだな。

「速水《はやみ》さん、なに読《よ》んでるの？」

火夏《ほのか》ちゃんが声《こえ》をかけると、速水《はやみ》さんは持《も》っていた本《ほん》の表紙《ひょうし》を見《み》せてきた。

本《ほん》のタイトルは……『素人《しろうと》でもできる、獲物《えもの》を捕《と》らえるための罠大全《わなたいぜん》』……？

じ、人狼《じんろう》を罠《わな》に掛《か》けようと思《おも》ってるのかな……？

「ふうん。ねえ、何《なに》か脱出《だっしゅつ》に役立《やくだ》ちそうな内容《ないよう》の本《ほん》とかあった？」

なんとなく、早《はや》く読書《どくしょ》に戻《もど》りたそうな空気《くうき》を出《だ》している速水《はやみ》さんを気《き》にせず、火夏《ほのか》ちゃんは話《はな》しかけ続《つづ》ける。確《たし》かにそういうのがあったら、助《たす》かるけど……。

「質問《しつもん》が具体性《ぐたいせい》に欠《か》ける。サバイバル関連《かんれん》の本《ほん》でいいなら、あっちの棚《たな》にあった」

速水《はやみ》さんは静《しず》かな声《こえ》で言《い》って、少《すこ》し離《はな》れたところにある本棚《ほんだな》を指差《ゆびさ》した。

「ありがとう。読《よ》んでみるね！」

火夏《ほのか》ちゃんはお礼《れい》を言《い》って、教《おし》えられた場所《ばしょ》まで行《い》くと、適当《てきとう》に本《ほん》を選《えら》んで読《よ》み始《はじ》めた。

僕《ぼく》はどうしよう。そういえば映画《えいが》やゲームだと、こういった部屋《へや》に「隠《かく》し部屋《べや》」や「隠《かく》し通《つう》路《ろ》」みたいなのがあったりするけど。

本棚《ほんだな》に置《お》いてある本《ほん》の一部《いちぶ》がレバーになってたり、本《ほん》がくり抜《ぬ》かれて、中《なか》に秘密《ひみつ》の鍵《かぎ》やアイテムが隠《かく》されてたりとか。

「何《なに》もないと思《おも》う」

僕《ぼく》が図書室内《としょしつない》をゴソゴソ探《さが》し回《まわ》っていると、速水《はやみ》さんがうっとうしそうにつぶやいた。僕《ぼく》が何《なに》をやってるのか、わかったみたいだ。

う、なんだか恥《は》ずかしい。

でも速水《はやみ》さんの言《い》うとおり、結局《けっきょく》この部屋《へや》には、いろんな本《ほん》が

あるだけだった。

世界中《せかいじゅう》のゲームについて書《か》かれた本《ほん》なんかは興味《きょうみ》が湧《わ》いたけど、今《いま》は読書《どくしょ》を楽《たの》しむような気分《きぶん》にはなれそうにもない。

別《べつ》の場所《ばしょ》に行《い》くか、それとも……？


【シアタールームを探索する】なら 13 へ進む

【室内庭園を探索する】なら 31 へ進む

【探索を終える】なら 16 へ進む

15 館《やかた》を隅々《すみずみ》まで探索《たんさく》しよう

ここにいても、小日向《こひなた》さんの邪魔《じゃま》になるかもしれない。

それなら、ほかのみんなと同《おな》じように、館《やかた》の中《なか》を探索《たんさく》して脱出《だっしゅつ》のヒントになるようなものを探《さが》したほうがいい気《き》がする。

「じゃあアタシと一緒《いっしょ》に回《まわ》ろっか。どこに行《い》く？」

【シアタールームを探索する】なら 13 へ進む

【図書室を探索する】なら 14 へ進む

【室内庭園を探索する】なら 31 へ

16　1日《にち》ぶりの食事《しょくじ》

館《やかた》の探索《たんさく》を切《き》り上《あ》げて、僕《ぼく》と火夏《ほのか》ちゃんは小日向《こひなた》さんが待《ま》っている食堂《しょくどう》へと戻《もど》った。

扉《とびら》を開《あ》けると、速水《はやみ》さん、木島《きじま》くん、土屋《つちや》さんたちが椅子《いす》に座《すわ》っている。テーブルの上《うえ》にはさまざまな料理《りょうり》が並《なら》んでいた。

メインは魚《さかな》かな？　美味《おい》しそうだ。

「あ、あの……もうすぐできますので、座《すわ》って待《ま》っててください……」

「アタシ運《はこ》ぶの手伝《てつだ》うよ」

火夏《ほのか》ちゃんはそう言《い》ってキッチンのほうへと消《き》えていった。

キッチンはそんなに広《ひろ》くなさそうだし、僕《ぼく》まで行《い》くと逆《ぎゃく》に邪魔《じゃま》になるだろう。

仕方《しかた》ないので、僕《ぼく》も食卓《しょくたく》で待《ま》つことにした。

いつもならそんなことしないけど、昨日《きのう》の夜《よる》から何《なに》も食《た》べてないから、目《め》の前《まえ》の料理《りょうり》をつまみ食《ぐ》いしないように我慢《がまん》するのが大変《たいへん》だった。

「なんだ、もうみんな揃《そろ》ってたのか」

僕《ぼく》が空腹《くうふく》と戦《たたか》っていると、食堂《しょくどう》の扉《とびら》が開《ひら》いて金山《かなやま》くんが戻《もど》ってきた。これで全員《ぜんいん》が揃《そろ》った。

「金山《かなやま》くん、おかえり。ちょうどこれから食事《しょくじ》にしようってところだよ」

サラダのお皿《さら》を運《はこ》びながら、火夏《ほのか》ちゃんが声《こえ》をかける。

間《ま》もなく食卓《しょくたく》に全部《ぜんぶ》の料理《りょうり》が並《なら》ぶと、小日向《こひなた》さんと火夏《ほのか》ちゃんも席《せき》に着《つ》いた。

「さ、料理《りょうり》を作《つく》ってくれた小日向《こひなた》さんに感謝《かんしゃ》して、ご飯《はん》食《た》べよ！」

火夏《ほのか》ちゃんの号令《ごうれい》で、みんな一斉《いっせい》に「いただきます」をして料理《りょうり》を食《た》べ始《はじ》める。

食卓《しょくたく》の真《ま》ん中《なか》に魚《さかな》の切《き》り身《み》が入《はい》った大《おお》きな鍋《なべ》があった。トマトやアサリも入《はい》っていて湯気《ゆげ》が上《あ》がっている。一口《ひとくち》食《た》べてみると、美味《おい》しさが身体中《からだじゅう》に染《し》みわたっていくようだった。

「美味《おい》しい……これ、なんていう料理《りょうり》だろ？」

「こ、これはアクアパッツァと言《い》います……お、お魚《さかな》をトマトや白《しろ》ワインで煮込《にこ》む、南《みなみ》イタリアの漁師料理《りょうしりょうり》で……」

僕《ぼく》が意識《いしき》せずにこぼした言葉《ことば》に反応《はんのう》して、小日向《こひなた》さんが解説《かいせつ》してくれる。

「へえー、作《つく》るの難《むずか》しそうだね」

「そ、そうでもないですよ……材料《ざいりょう》を用意《ようい》すれば、あ、あとは煮込《にこ》むだけですので……」

「そうなんだ！　アタシも作《つく》り方覚《かたおぼ》えようかなー」

火夏《ほのか》ちゃんが笑顔《えがお》で言《い》う。火夏《ほのか》ちゃんにできるのかな……と少《すこ》し思《おも》ったけど、はしゃいでいるところに水《みず》を差《さ》したくはなかったので、黙《だま》っていることにした。

食事《しょくじ》は何気《なにげ》ない会話《かいわ》を交《まじ》えながら、穏《おだ》やかに進《すす》んだ。土屋《つちや》さんや金山《かなやま》くんなんかは、喋《しゃべ》る時間《じかん》がもったいないといった感《かん》じで料理《りょうり》を口《くち》に運《はこ》んでいた。

少《すこ》し前《まえ》に先生《せんせい》が殺《ころ》されたことが嘘《うそ》みたいな空気《くうき》だったけど、多分《たぶん》みんな、今《いま》だけは無理《むり》やりにでも忘《わす》れようとしてるんだと思《おも》う。

思《おも》い出《だ》すと、せっかくの料理《りょうり》も味《あじ》がしなくなってしまうから。

僕《ぼく》だって、そうだった。気《き》を抜《ぬ》くと、七宝先生《しっぽうせんせい》の死体《したい》を見《み》たときのことが、頭《あたま》の中《なか》に蘇《よみがえ》ってくる。……いけない。今《いま》だけは。

そう、せめて今《いま》だけは、平和《へいわ》にご飯《はん》を楽《たの》しみたかった。

食事《しょくじ》が終《お》わると、みんなで探索《たんさく》の結果《けっか》を報告《ほうこく》し始《はじ》める。

「結局《けっきょく》、外《そと》に出《で》られそうな場所《ばしょ》はなかったね……」

火夏《ほのか》ちゃんの言葉《ことば》に、金山《かなやま》くんがうなずいた。

「ああ、入《い》り口《ぐち》の扉《とびら》を壊《こわ》せそうなモンがないかも探《さが》したんだけど、そういうのは置《お》いてなかったぜ」

「誰《だれ》か、何《なに》か脱出《だっしゅつ》のヒントになるようなものとか見《み》かけなかった？」

火夏《ほのか》ちゃんがそうたずねてみんなを見回《みまわ》すけど、誰《だれ》も口《くち》を開《ひら》かなかった。どうやら、ダメだったみたいだ。

「……で、でもさ、まだ全部《ぜんぶ》の部屋《へや》を見《み》たわけじゃないよね？　夜《よる》までまだ時間《じかん》はありそうだし、もう少《すこ》し探《さが》してみない？」

重《おも》い沈黙《ちんもく》に居心地《いごこち》の悪《わる》さを感《かん》じた僕《ぼく》は、そう言《い》った。

「まあ、月形《つきがた》の言《い》うとおりだな。俺《おれ》は諦《あきら》めねえぜ」

「玲音《れおん》はそれでいいよー。探索楽《たんさくたの》しいから！」

「自分《じぶん》は無駄《むだ》だと思《おも》うがな。まあ好《す》きにするといいさ」

「ワタシも意味《いみ》はないと思《おも》う。けど、特《とく》に反対《はんたい》はしない」

ちょっと否定的《ひていてき》な意見《いけん》もあったけど、多数決《たすうけつ》で、探索自体《たんさくじたい》は続《つづ》け

る方向《ほうこう》に話《はなし》がまとまる。

「わ、わたくしは、晩《ばん》ご飯《はん》の用意《ようい》をしておきます……あの、何《なに》かを探《さが》すとか……考《かんが》えることとかは苦手《にがて》ですので……」

「大丈夫《だいじょうぶ》。みんな、それぞれ得意《とくい》なことで頑張《がんば》ればいいんだよ」

申《もう》し訳《わけ》なさそうに言《い》う小日向《こひなた》さんを、火夏《ほのか》ちゃんがフォローする。

「それじゃ、また夜《よる》にな」

金山《かなやま》くんがそう言《い》って、真《ま》っ先《さき》に探索《たんさく》に出《で》ていった。ほかの人《ひと》たちもそれに続《つづ》く。

それから、数時間《すうじかん》。僕《ぼく》を含《ふく》めたみんながみんな、精一杯頑張《せいいっぱいがんば》ったんだと思《おも》う。

だけどやっぱり、脱出《だっしゅつ》につながるような何《なに》かは発見《はっけん》できないままで……ついに夜《よる》がやってきた。

再《ふたた》び小日向《こひなた》さんが作《つく》ってくれた料理《りょうり》を食《た》べて、このまま何事《なにごと》もなく明日《あした》になったら、どれだけよかっただろう。

けど、そんな望《のぞ》みは簡単《かんたん》に打《う》ち砕《くだ》かれた。館内《かんない》に死神《しにがみ》の声《こえ》が響《ひび》いたんだ。

「諸君《しょくん》、そろそろ議論《ぎろん》の時間《じかん》だ。大広間《おおひろま》に集《あつ》まるといい」

17へ進む

17 最初《さいしょ》の議論《ぎろん》の夜《よる》

死神《しにがみ》の声《こえ》に従《したが》うのは嫌《いや》だったけど、無視《むし》するとどんな酷《ひど》いことになるかわからない。僕《ぼく》たちはしぶしぶと大広間《おおひろま》へ戻《もど》った。

時計《とけい》を確認《かくにん》すると、夜《よる》の8時《じ》だった。

大広間《おおひろま》のテーブルを囲《かこ》む椅子《いす》に、それぞれ着席《ちゃくせき》する。館《やかた》の入《い》り口《ぐち》から見《み》てテーブルの左《ひだり》側《がわ》、入《い》り口《ぐち》に近《ちか》い席《せき》から順《じゅん》に木島《きじま》くん、金山《かなやま》くん、僕《ぼく》。テーブルの右側《みぎがわ》、入《い》り口《ぐち》に近《ちか》い席《せき》から小日向《こひなた》さん、土屋《つちや》さん、速水《はやみ》さん、火夏《ほのか》ちゃんの順《じゅん》に座《すわ》った。

僕《ぼく》と火夏《ほのか》ちゃんが隣同士《となりどうし》に座《すわ》っている状態《じょうたい》だ。

やがてモニターが点灯《てんとう》すると、死神《しにがみ》が映《うつ》った。

「おめでとう。諸君《しょくん》は人狼《じんろう》に対抗《たいこう》するための、特別《とくべつ》な力《ちから》を得《え》たようだ」

「は？　なんのことだよ」

金山《かなやま》くんが喧嘩《けんか》を売《う》るみたいな口調《くちょう》で死神《しにがみ》に返《かえ》す。だけど向《む》こうはまるで気《き》にする様子《ようす》もなく告《つ》げた。

「扉《とびら》の横《よこ》に用意《ようい》したパネルを見《み》たまえ」

　言《い》われて初《はじ》めて、僕《ぼく》は食堂《しょくどう》につながる扉《とびら》の横《よこ》に大《おお》きなパネルが設《せっ》置《ち》されていたことに気付《きづ》いた。いつの間《ま》に？　今日《きょう》の朝《あさ》までここには何《なに》もなかったはずだけど。

　パネルには〝占《うらな》い師《し》〟〝狩人《かりうど》〟〝聖杯《せいはい》〟と文字《もじ》が書《か》かれていた。そのうち、〝占《うらな》い師《し》〟〝聖杯《せいはい》〟の部分《ぶぶん》だけが明《あか》るく光《ひか》っている。

「追加《ついか》のルールを簡単《かんたん》に説明《せつめい》しておこう」

　死神《しにがみ》は、会《あ》った時《とき》から変《か》わらない、淡々《たんたん》とした口調《くちょう》で説明《せつめい》した。

8．館内《かんない》にはコインが隠《かく》されていて、それを手《て》に入《い》れた人物《じんぶつ》は役職《やくしょく》を得《え》る。
　コインは手《て》に入《い》れた時点《じてん》で崩《くず》れ去《さ》り、手《て》に入《い》れた人物《じんぶつ》には役職《やくしょく》の力《ちから》が宿《やど》る。
9．今回《こんかい》のゲームで用意《ようい》された役職《やくしょく》は〝占《うらな》い師《し》〟〝狩人《かりうど》〟〝聖杯《せいはい》〟の3種類《しゅるい》。

「まあ、ルールは分《わ》かったけどよ。それで、結局《けっきょく》このパネルに書《か》かれているのはどういう意《い》

味《み》を持《も》つんだよ」

金山《かなやま》くんの疑問《ぎもん》はもっともだ。僕《ぼく》も同《おな》じことを思《おも》っていた。

でも、死神《しにがみ》はそれに答《こた》える気《き》はないみたいだ。

「それでは諸君《しょくん》、得《え》た力《ちから》を最大限活用《さいだいげんかつよう》して、ゲームを盛《も》り上《あ》げてくれたまえ。吾輩《わがはい》はそれを楽《たの》しみに拝見《はいけん》させてもらうよ。クックック……」

不気味《ぶきみ》な笑《わら》い声《ごえ》と共《とも》に、モニターから死神《しにがみ》が消《き》えた。

「クソッ、何《なに》もわかりゃしねえ！」

イラついたように、金山《かなやま》くんがテーブルを叩《たた》く。

「アレは役職《やくしょく》だ。確《たし》か人狼《じんろう》ゲームってのは、特殊《とくしゅ》な能力《のうりょく》を持《も》つヤツがいるんだ」

すると、今《いま》までじっと黙《だま》っていた木島《きじま》くんが、解説《かいせつ》を始《はじ》めた。

「占《うらな》い師《し》っていうのは、選《えら》んだ人物《じんぶつ》が〝人間《にんげん》なのか、人狼《じんろう》なのか〟がわかる能力者《のうりょくしゃ》だ。ただし調《しら》べられるのは1日《にち》に一人《ひとり》だけ」

意外《いがい》だった。木島《きじま》くんは、人狼《じんろう》ゲームに詳《くわ》しいんだろうか？

「そして狩人《かりうど》は、誰《だれ》か一人《ひとり》を〝人狼《じんろう》の襲撃《しゅうげき》から守《まも》ることができる〟。狩人《かりうど》が決《き》めた守《まも》る対象《たいしょう》を人狼《じんろう》が襲《おそ》わなかったら、無意味《むいみ》になるけどな」

みんな、木島《きじま》くんの話《はなし》を静《しず》かに聞《き》いていた。

「あとは聖杯《せいはい》だが……これは自分《じぶん》にもよくわからん」

「ワタシも図書室《としょしつ》で人狼《じんろう》ゲームについて調《しら》べた。彼《かれ》の説明《せつめい》で間違《まちが》いない。人狼《じんろう》ゲームは、ワタシたちの中《なか》に紛《まぎ》れ込《こ》んだ一人《ひとり》の人狼《じんろう》を、役職《やくしょく》の力《ちから》を使《つか》って見《み》つけ出《だ》すゲーム」

木島《きじま》くんの説明《せつめい》を補足《ほそく》するように、速水《はやみ》さんが言《い》った。

この7人《にん》のなかに、人間《にんげん》を殺《ころ》す人狼《じんろう》が一人《ひとり》、隠《かく》れてるってこと……？

信《しん》じられない。……いや、信《しん》じたくない。

会話《かいわ》が途切《とぎ》れると、重苦《おもくる》しい雰囲気《ふんいき》が大広間《おおひろま》を包《つつ》んだ。

誰《だれ》も何《なに》も言《い》わないけど、全員《ぜんいん》が抱《いだ》いてる気持《きも》ちは大体《だいたい》わかる。

人狼《じんろう》ゲームがどんなものかは、じゅうぶんに理解《りかい》できた。だけどこれから始《はじ》まるのは、単《たん》なる遊《あそ》びじゃない。本当《ほんとう》に人《ひと》が死《し》ぬんだ。

誰《だれ》だって誰《だれ》かを処刑《しょけい》したくなんかないし、そんな最悪《さいあく》なゲームを自分《じぶん》の発言《はつげん》から始《はじ》めたくない。みんなそう思《おも》って、喋《しゃべ》れなくなってるんだろう。

18へ進む

18 金山《かなやま》くんの不用意《ふようい》な発言《はつげん》

「なあ、誰《だれ》が占《うらな》い師《し》なんだ？」

でも金山《かなやま》くんが、無理矢理《むりやり》みたいに沈黙《ちんもく》を破《やぶ》った。このままじっとしていてもどうせ誰《だれ》かが死《し》ぬんだから、思《おも》い切《き》ったんだろう。

「大治《だいじ》、どうしてそんなことを聞《き》く？」

「そうだ。なぜ誰《だれ》が占《うらな》い師《し》かを知《し》りたがるんだ」

速水《はやみ》さんと木島《きじま》くんが、金山《かなやま》くんを問《と》い詰《つ》める。

「えっ、オレ何《なに》かおかしいこと言《い》ったか⁉」

思《おも》ってもみない反応《はんのう》だったのか、金山《かなやま》くんはとても焦《あせ》っていた。

勉強《べんきょう》のできない生徒《せいと》に話《はな》すように、速水《はやみ》さんが説明《せつめい》する。

「占《うらな》い師《し》は人狼《じんろう》にとってもっとも恐《おそ》ろしい相手《あいて》。つまり、真《ま》っ先《さき》に殺《ころ》したいはず」

「扉横《とびらよこ》のパネルを見《み》ろ。おそらく、点灯《てんとう》しているものが、今自分《いまじぶん》たちの得《え》ている役職《やくしょく》だ」

木島《きじま》くんの言葉《ことば》に、僕《ぼく》は改《あらた》めてパネルを確認《かくにん》した。さっきと変《か》わった様子《ようす》はない。狩人《かりうど》の部分《ぶぶん》だけ、ライトが点灯《てんとう》していなかった。

「今《いま》この場《ば》に、狩人《かりうど》はいない。つまり占《うらな》い師《し》が誰《だれ》か判明《はんめい》しても、守《まも》る手段《しゅだん》がないんだ。たとえ議論《ぎろん》で生《い》き残《のこ》ったとしても、夜《よる》になれば人狼《じんろう》に殺《ころ》されてしまうだろう」

僕《ぼく》もその可能性《かのうせい》には気付《きづ》いていたから、「そうだね」と発言《はつげん》した。

火夏《ほのか》ちゃんのほうを見《み》ると、何《なに》かを考《かんが》えこんでいるような真剣《しんけん》な顔《かお》をしながらも、うなずいている。

「フン……どうやらそっちの二人《ふたり》は、少《すく》なくとも金山《かなやま》よりは知性《ちせい》があるらしい」

今《いま》の、木島《きじま》くんから褒《ほ》められたってことでいいんだろうか。あんまりうれしくはないけど。

「い、言《い》われてみればそうか。いや、でもオレは、別《べつ》にそういうつもりじゃなくて……」

金山《かなやま》くんが焦《あせ》るのもよくわかる。ヘタなことを言《い》ってしまえば、即座《そくざ》に人狼《じんろう》だと疑《うたが》われてしまう。今《いま》ここは、そういう場所《ばしょ》なんだ。

だから、みんな、一《ひと》つひとつの発言《はつげん》にとても敏感《びんかん》にならなきゃいけない。

「ねえ、占《うらな》い師《し》は名乗《なの》り出《で》ないでいいけどさ、誰《だれ》を占《うらな》ってもらうかってのは決《き》めてもいいよね？」

火夏《ほのか》ちゃんが手《て》をあげて発言《はつげん》した。ああ、さっきから考《かんが》えこんでいたのはこれだったのか……。

確《たし》かに占《うらな》い師《し》が名乗《なの》り出《で》なくても、ここで誰《だれ》を占《うらな》ってもらうかは決《き》めておける。

明日《あした》以降《いこう》、誰《だれ》かが狩人《かりうど》の力《ちから》を得《え》られれば守《まも》ってもらえばいいんだし。

火夏《ほのか》ちゃんの考《かんが》えは完璧《かんぺき》な答《こた》えじゃないのかもしれないけど、今《いま》の状況《じょうきょう》でできることをやるしかない。

みんな、それをわかっているからか、特《とく》に反対《はんたい》意見《いけん》も出《で》なかった。

「誰《だれ》も何《なに》も言《い》わないってことは、いいってことかな？　それじゃ……アタシは木島《きじま》くんか、金《かな》山《やま》くんを占《うらな》うのがいいと思《おも》う」

火夏《ほのか》ちゃんの提案《ていあん》に真《ま》っ先《さき》に反応《はんのう》したのは、金山《かなやま》くんだった。

「なんでだよ！　アレか、オレが人狼《じんろう》だって疑《うたが》ってんのか⁉」

さっきのやりとりで、金山《かなやま》くんは自分《じぶん》が疑《うたが》われていると思《おも》ったみたいだ。

「あれー？　やっぱ金山《かなやま》が人狼《じんろう》なのかー？」

軽《かる》いノリで土屋《つちや》さんが金山《かなやま》くんをからかう。

いや……本当《ほんとう》にからかってるんだろうか？　それとも本気《ほんき》でそう思《おも》っているのか。土屋《つちや》さんの顔《かお》からは何《なに》も読《よ》み取《と》れない。

こうやって、人《ひと》の裏側《うらがわ》を疑《うたが》うのが人狼《じんろう》ゲームなんだっていうのはわかってはいるけど、なんだか嫌《いや》な気持《きも》ちだった。

その時《とき》、木島《きじま》くんが、ふう、と小《ちい》さな溜《た》め息《いき》をついた。

「バカばっかりだな。占《うらな》い師《し》の力《ちから》でわかるのは、占《うらな》った対象《たいしょう》が〝人間《にんげん》か、人狼《じんろう》か〟ってことだけだ」

「だからオレは人狼《じんろう》じゃねえって！」

「落《お》ちつけ。もし人間《にんげん》なら、自分《じぶん》が〝人狼《じんろう》じゃない〟と確定《かくてい》されるんだぞ。少《すく》なくとも、処刑《しょけい》で選《えら》ばれる確率《かくりつ》はグッと低《ひく》くなる。もし人間《にんげん》なら、占《うらな》いの対象《たいしょう》に選《えら》ばれた時点《じてん》で喜《よろこ》ぶべきだろ」

木島《きじま》くんは言《い》い終《お》わったあと、ここまで話《はな》さないとわからないのか、といった顔《かお》で金山《かなやま》くんを見《み》る。

「な、なるほど……そういうことか」

納得《なっとく》したようにうなずいて、金山《かなやま》くんはほっとした表情《ひょうじょう》を浮《う》かべる。

「ふーん。あれ？　でも木島《きじま》の言《い》うことが正《ただ》しいならー……慌《あわ》てた金山《かなやま》が、人狼《じんろう》かもしれないってこと？」

　土屋《つちや》さんが首《くび》を傾《かし》げると、木島《きじま》くんが「そうだな」と答《こた》えた。

「そういう点《てん》で言《い》えば、今《いま》この場《ば》でもっとも怪《あや》しいのはお前《まえ》だ、金山《かなやま》。それとも、そこまで考《かんが》えられないバカだってだけか？」

　容赦《ようしゃ》のない木島《きじま》くんの追及《ついきゅう》が、金山《かなやま》くんに突《つ》き付《つ》けられる。なにも、そこまで言《い》うことないのに……木島《きじま》くんのこういうところはやっぱり苦手《にがて》だ。

「だ、だから、オレは人狼《じんろう》じゃねえって言《い》ってんだろ！」

　助《たす》かったと思《おも》ったのに、また疑《うたが》われて、金山《かなやま》くんは焦《あせ》ったように叫《さけ》んだ。

「さっきからお前《まえ》はそればっかりだな」

「木島《きじま》、テメェふざけんじゃねえ！」

　金山《かなやま》くんが、今《いま》にも殴《なぐ》りかかりそうな勢《いきお》いで椅子《いす》から立《た》ち上《あ》がった。

「だ、ダメだって金山《かなやま》くん！」

　僕《ぼく》は急《いそ》いで止《と》める。そんなことをすると、みんなからの印象《いんしょう》がもっと悪《わる》くなるだけだ。

でも、金山《かなやま》くんはまるで聞《き》いてはくれなかった。頭《あたま》に血《ち》がのぼっているのか、恐《こわ》い顔《かお》で木《き》島《じま》くんをにらみつけている。

もし喧嘩《けんか》にでもなったら、僕《ぼく》では金山《かなやま》くんを止《と》められる気《き》がしない。きっと、あっさり負《ま》けてしまうだろう。どうしよう……。

「鷹山《たかやま》さんは、なんでその二人《ふたり》を占《うらな》いの対象《たいしょう》にしたいの？」

そこに、速水《はやみ》さんの静《しず》かな声《こえ》が響《ひび》いた。

「木島《きじま》くんは頭《あたま》がいいからさ、もし人狼《じんろう》だったら簡単《かんたん》にアタシたちをだませるだろうなって。金山《かなやま》くんは……今日《きょう》まったく見《み》かけなかったから、怪《あや》しいなって」

「そういや金山《かなやま》、まったく見《み》かけなかったなー。どこにいたんだー？」

土屋《つちや》さんの質問《しつもん》に、金山《かなやま》くんは大声《おおごえ》を出《だ》す。

「いっ、いろんな場所《ばしょ》を探《さが》してたんだよ！　どこかに抜《ぬ》け穴《あな》でもないかって……」

確《たし》かに、金山《かなやま》くんは最初《さいしょ》から脱出《だっしゅつ》できないかどうかをずっと探《さが》していたな。

……でも、姿《すがた》を見《み》かけなかったのも事実《じじつ》だ。誰《だれ》よりも脱出《だっしゅつ》にこだわっているように見《み》えて、じつは何《なに》もしてなかったとか？

それはなんのために？　人狼《じんろう》だから、僕《ぼく》たちの利益《りえき》になるような行動《こうどう》はしなかった？

僕《ぼく》の中《なか》で、金山《かなやま》くんを怪《あや》しいと思《おも》う気持《きも》ちがどんどんとふくらんでいく。

でも、火夏《ほのか》ちゃんはまったく別《べつ》のことを思《おも》いついたみたいだ。

「待《ま》って、それじゃ〝占《うらな》い師《し》〟か〝聖杯《せいはい》〟のコインを見《み》つけたのは、金山《かなやま》くんかもしれないってこと？」

火夏《ほのか》ちゃんの問《と》いかけに、金山《かなやま》くんはしどろもどろになった。

「えっ……いや、えーと……占《うらな》い師《し》ってのがバレると確《たし》か、人狼《じんろう》に襲《おそ》われるんだったよな……？　ち、違《ちが》うぜ。オレは何《なに》も見《み》つけられなかった」

本当《ほんとう》のことを言《い》ってるようにも思《おも》えるし、図星《ずぼし》をつかれて、必死《ひっし》に誤魔化《ごまか》そうとしているようにも見《み》える。ううん。ダメだ、僕《ぼく》にはわからない。

「お前《まえ》、言《い》ってることすべてが怪《あや》しいな……逆《ぎゃく》に感心《かんしん》する」

木島《きじま》くんが言葉《ことば》とは反対《はんたい》に、バカにしたみたいな口調《くちょう》で言《い》った。

「うるせえな！　それなら、何《なに》も喋《しゃべ》ってないヤツらだって怪《あや》しいだろ！　小日向《こひなた》とか、月形《つきがた》とか！」

え。急《きゅう》に矛先《ほこさき》が僕《ぼく》たちに向《む》いてきた。

「そ、そんなこと言《い》われても……喋《しゃべ》ることがなかっただけというか」

「は、はい。それにわたくしは、一人《ひとり》で料理《りょうり》を作《つく》っていただけです」

僕《ぼく》と小日向《こひなた》さんは、どうにかして潔白《けっぱく》を証明《しょうめい》しようとする。

「待《ま》って、シロはアタシとずっと一緒《いっしょ》にいたよ。ちゃんと脱出《だっしゅつ》に役立《やくだ》つものがないか探《さが》してたし……」

火夏《ほのか》ちゃんが僕《ぼく》をかばうように身《み》を乗《の》り出《だ》した。

「それに、小日向《こひなた》さんも……人狼《じんろう》だとは思《おも》えないし……」

でも最後《さいご》のほうは、どんどんと声《こえ》が小《ちい》さくなっていった。

火夏《ほのか》ちゃん自身《じしん》もわかっているんだろう。ずっと一緒《いっしょ》にいたからといって、僕《ぼく》が人狼《じんろう》じゃないという保証《ほしょう》はどこにもないって。

小日向《こひなた》さんのことも同《おな》じだ。確《たし》かに僕《ぼく》も小日向《こひなた》さんが人狼《じんろう》だとは思《おも》えないけど、だからってそれは〝小日向《こひなた》さんが人狼《じんろう》じゃない〟ことの証明《しょうめい》にはならない。

こういう雰囲気《ふんいき》の話《はな》し合《あ》い、前《まえ》にもあったな。確《たし》か……教室《きょうしつ》の窓《まど》ガラスを割《わ》った犯人捜《はんにんさが》しのために、クラス全員《ぜんいん》が放課後《ほうかご》に居残《いのこ》りさせられたあのときだ。

すごく、嫌《いや》な空気《くうき》だった。犯人《はんにん》が名乗《なの》り出《で》るまで帰《かえ》ることもできなくて、でも名乗《なの》り出《で》るはずもないから、ただただ重苦《おもくる》しい時間《じかん》だけが過《す》ぎていって……。

あの日《ひ》は、結局《けっきょく》どうなったんだっけ？

「まーでも、玲音《れおん》も、月形《つきがた》と小日向《こひなた》は違《ちが》う気《き》がするなー」

僕《ぼく》が人狼《じんろう》ゲームと関係《かんけい》ないことを思《おも》い出《だ》そうとしていると、意外《いがい》なところから助《たす》けが入《はい》った。

土屋《つちや》さんだ。

「なんでだよ、怪《あや》しさで言《い》えばオレとそんなに変《か》わんねえだろ！」

金山《かなやま》くんの訴《うった》えに、土屋《つちや》さんは、いつもののんびりした様子《ようす》で返《かえ》した。

「んー、勘《かん》かな？　あと小日向《こひなた》が処刑《しょけい》されちゃったら、おいしいご飯《はん》が食《た》べられなくなるしー」

土屋《つちや》さんの言《い》ってることには、何《なん》の根拠《こんきょ》もない。でも、僕《ぼく》は味方《みかた》を得《え》て助《たす》かったという気持《きも》ちになった。

「ふざけんなよ！　じゃあオレが怪《あや》しいってのも勘《かん》か⁉」

「んーん、そっちは違《ちが》う。金山《かなやま》の発言《はつげん》や動《うご》きって、変《へん》だよ」

土屋《つちや》さんの声《こえ》のトーンが、急《きゅう》に下《さ》がった。ちょっと怖《こわ》い。顔《かお》はいつものように笑《わら》ってるのに、目《め》つきがやけに鋭《するど》い気《き》がする。

「なっ……て、ていうかよ！　聖杯《せいはい》ってのも誰《だれ》かがゲットしてんだろ？　そっちは探《さが》さなくていいのかよ⁉」

土屋《つちや》さんの思《おも》わぬ反応《はんのう》に驚《おどろ》いたのか、金山《かなやま》くんは話《はなし》を逸《そ》らした。僕《ぼく》と小日向《こひなた》さんからすればありがたいけど、今《いま》の金山《かなやま》くんの状況《じょうきょう》でそういうことをするのは、マズいんじゃ……。

「それはそう。だけど、聖杯《せいはい》っていうのがどういう力《ちから》を持《も》っているのか、どうやってその人《ひと》を突《つ》き止《と》めるのか、何《なに》もわからない。今《いま》の状況《じょうきょう》を考《かんが》えると優先順位《ゆうせんじゅんい》は低《ひく》い」

速水《はやみ》さんが冷静《れいせい》に告《つ》げると、木島《きじま》くんが続《つづ》いた。

「自分《じぶん》も速水《はやみ》の意見《いけん》に同意《どうい》だ。というか……金山《かなやま》、お前《まえ》、あからさまに話題《わだい》を変《か》えたな。そういうところが怪《あや》しいって言うんだよ」

ああ、やっぱり、金山《かなやま》くんが追《お》い詰《つ》められ始《はじ》めてる。僕《ぼく》たちの中《なか》で、特《とく》に頭《あたま》の良《よ》さそうな速水《はやみ》さんと木島《きじま》くんの言葉《ことば》には、説得力《せっとくりょく》がある。そのせいか、いつのまにか二人《ふたり》が場《ば》を支配《しはい》してしまっていた。

味方《みかた》なら頼《たの》もしいけど、もし敵対《てきたい》することになったら大変《たいへん》だな……。

結局《けっきょく》それからは、木島《きじま》くんや速水《はやみ》さん、金山《かなやま》くんは、同《おな》じようなやりとりを繰《く》り返《かえ》すだけになってしまった。

仕方《しかた》ないと思《おも》う。だって、誰《だれ》が人狼《じんろう》かなんて、今《いま》の時点《じてん》じゃ決《き》めきれない。

だから自分《じぶん》が処刑《しょけい》されるのを回避《かいひ》するには、ちょっとでも怪《あや》しいと思《おも》った人《ひと》を先《さき》に指名《しめい》して追及《ついきゅう》していくしかないんだ。

全部《ぜんぶ》、自分《じぶん》の身《み》を守《まも》るため。死《し》にたくないから、誰《だれ》かを死《し》なせようとする。

ぞっとするくらいに残酷《ざんこく》だけど、この状況《じょうきょう》では仕方《しかた》ない……と、強引《ごういん》にでもそう思《おも》うしかなかった。

でもそういう意味《いみ》では、僕《ぼく》は今回《こんかい》ほとんど発言《はつげん》できなかったから、処刑《しょけい》を回避《かいひ》できるかは微妙《びみょう》なところだ。木島《きじま》くんや速水《はやみ》さんみたいに頭《あたま》が良《よ》くて、もっと口《くち》が上手《うま》ければ良《よ》かったのに……。

「……ねえ、そろそろ投票《とうひょう》ってことでいい？」

状況《じょうきょう》を見《み》かねたんだろう。火夏《ほのか》ちゃんが、そう提案《ていあん》した。

大広間《おおひろま》の時計《とけい》を見《み》ると、もうそろそろ11時《じ》30分《ぷん》になろうとしている。3時間《じかん》も議論《ぎろん》してたのか。

「賛成《さんせい》だ。いつまでも無駄《むだ》な議論《ぎろん》をしていられないからな」

「ワタシも賛成《さんせい》」

「玲音《れおん》もいいよー」

「わ、わたくしもそれでいいです……」

次々《つぎつぎ》と投票《とうひょう》に賛成《さんせい》の意見《いけん》が出《で》る。でも、やっぱり金山《かなやま》くんは納得《なっとく》いってないみたいだった。

「お、おい、待《ま》てよ、今《いま》のままだとオレが処刑《しょけい》されるんじゃねえか!?　なあ、まだほかになんか意見《いけん》あるだろ!?　オイ！」

金山《かなやま》くんの気持《きも》ちは痛《いた》いほどわかる。

でも、僕《ぼく》にまだできることはあるんだろうか？

【投票に賛成する】なら 19 へ進む
【もう少し議論を続けるよう提案する】なら 20 へ進む

19 影《かげ》に飲《の》み込《こ》まれる金山《かなやま》くん

「……僕《ぼく》も投票《とうひょう》に賛成《さんせい》するよ」

本当《ほんとう》なら、もっと時間《じかん》をかけて話《はな》したい。

でも、ここで変《へん》に目立《めだ》つ行動《こうどう》を取《と》れば、今度《こんど》は僕《ぼく》が処刑《しょけい》されるかもしれない。

それだけは絶対《ぜったい》に避《さ》けないといけない……。

状況的《じょうきょうてき》には金山《かなやま》くんが選《えら》ばれるだろう。そう思《おも》ったから、僕《ぼく》は投票《とうひょう》に賛成《さんせい》することにした。

そうだ。僕《ぼく》は、自分《じぶん》の命《いのち》惜《お》しさに、金山《かなやま》くんを犠牲《ぎせい》にした。

どうせ誰《だれ》かを選《えら》ばなきゃいけないんだけど、それでも、僕《ぼく》は僕《ぼく》の意思《いし》でクラスメイトを処刑《しょけい》……殺《ころ》すことにしたってことだ。金山《かなやま》くん……ごめん。

謝《あやま》っても意味《いみ》なんてないし、僕《ぼく》の罪《つみ》は変《か》わらない。でも、そう思《おも》わずにはいられなかった。

胸《むね》がずきずきと痛《いた》む。心臓《しんぞう》の音《おと》が、すごくうるさい。

本当《ほんとう》なら、この場《ば》から今《いま》すぐにでも、逃《に》げ出《だ》したかった。

「決《けつ》を採《と》るぞ。まあもう決《き》まってるだろうから挙手制《きょしゅせい》でいく。金山《かなやま》に投票《とうひょう》するヤツは手《て》をあげろ」

木島《きじま》くんが投票《とうひょう》をまとめ始《はじ》める。予想《よそう》どおり、金山《かなやま》くん以外《いがい》の全員《ぜんいん》が、手《て》をあげていた。

……もちろん、僕《ぼく》も。

「オイ……嘘《うそ》だろ……！」

金山《かなやま》くんの声《こえ》は、いつもみたいに自信《じしん》に満《み》ちあふれてるものじゃなかった。

まるで、迷子《まいご》になった幼稚園児《ようちえんじ》が母親《ははおや》を探《さが》すような、そんな声《こえ》だった。聞《き》いてるだけで、こっちも罪悪感《ざいあくかん》に、息苦《いきぐる》しくなってくる。

でも、どうしようもなかった。そう、どうしようも、なかったんだ。

そう必死《ひっし》に思《おも》うことで、僕《ぼく》は自分《じぶん》を正当化《せいとうか》しようとした。

「決《き》まったな……」

さすがの木島《きじま》くんも、いざ結果《けっか》が出《で》ると、何《なに》か思《おも》うところがあるみたいだった。

「でもさー、処刑《しょけい》って誰《だれ》がやるんだろねー？」

土屋《つちや》さんの疑問《ぎもん》ももっともだ。処刑《しょけい》って響《ひび》きから首吊《くびつ》りや、ギロチンなんかを連想《れんそう》するけど、さすがにそれはできそうにない。もし、やれと言《い》われても僕《ぼく》は絶対《ぜったい》に拒否《きょひ》するだろう。

「うわっ、なんだこれ！」

そのとき、金山《かなやま》くんが悲鳴《ひめい》をあげたので、僕《ぼく》はそっちを見《み》た。

金山《かなやま》くんの足元《あしもと》に、黒《くろ》い水《みず》たまりのような影《かげ》がある。次《つぎ》の瞬間《しゅんかん》、影《かげ》の中《なか》からいくつもの腕《うで》がすごい勢《いきお》いで伸《の》びて金山《かなやま》くんをつかんだ。金山《かなやま》くんを引《ひ》きずり込《こ》もうとしてる！

「なんだよ、なんなんだよこれは！　嘘《うそ》だろ、なあ！」

沈《しず》んでいくスピードは遅《おそ》いものの、金山《かなやま》くんの身体《からだ》はどんどんその影《かげ》に飲《の》み込《こ》まれていく。

まさか……これが処刑《しょけい》!?

「ど、どうしよう！　どうしたらいい!?」

僕《ぼく》は火夏《ほのか》ちゃんに助《たす》けを求《もと》めたけど、火夏《ほのか》ちゃんもどうすればいいのかわからないようで、金山《かなやま》くんを見《み》て固《かた》まっていた。

「う、うおお！　引《ひ》きずり込《こ》まれて……たまるかっ……！」

金山《かなやま》くんは、もう膝《ひざ》のあたりまで沈《しず》んでいる。いつも見上《みあ》げて話《はな》していた顔《かお》が、今《いま》は僕《ぼく》の胸《むね》の高《たか》さにあった。

椅子《いす》が弾《はじ》き飛《と》ばされる。必死《ひっし》に抵抗《ていこう》する金山《かなやま》くんの手《て》が当《あ》たって、倒《たお》れたんだ。

泣《な》きそうな顔《かお》でテーブルをつかもうとするけど、表面《ひょうめん》がつるつるでつかむ場所《ばしょ》なんてない。

それでも何《なに》かにすがろうとして、金山《かなやま》くんの手《て》は必死《ひっし》に動《うご》いていた。

「たっ、助《たす》けて！　助《たす》けてくれ！　月形《つきがた》っ！」

今《いま》にも泣《な》きそうな顔《かお》で、金山《かなやま》くんが僕《ぼく》のほうに向《む》かって手《て》を伸《の》ばしてくる。

僕《ぼく》は、その手《て》を。

つかむことは、できなかった。

あまりにも異様《いよう》な光景《こうけい》で、近付《ちかづ》くことをためらってしまった。

もしあの影《かげ》に触《ふ》れたら、僕《ぼく》まで影《かげ》の中《なか》に連《つ》れていかれるんじゃないのか？

……そう思《おも》うと、ぶるぶる身体《からだ》が震《ふる》えてしまって、動《うご》くことすらできなかったんだ。

そのときの金山《かなやま》くんの顔《かお》を、僕《ぼく》は一生忘《いっしょうわす》れられないだろう。

影《かげ》に引《ひ》きずり込《こ》まれる恐怖《きょうふ》。伸《の》ばした手《て》を拒否《きょひ》された驚《おどろ》き。そして、それを理解《りかい》した瞬間《しゅんかん》に心《こころ》の底《そこ》から湧《わ》き上《あ》がってきただろう、怒《いか》り。

そういったいろんな感情《かんじょう》が混《ま》ざった顔《かお》で、僕《ぼく》を見《み》ていた。

そして。

金山《かなやま》くんは、完全《かんぜん》に影《かげ》の中《なか》に消《き》えてしまった。

「ああ……」

僕《ぼく》が無意識《むいしき》に出《だ》したものだったのかもしれないし、ほかの誰《だれ》かだったのかもしれない。小《ちい》さな、でも、絶望的《ぜつぼうてき》な声《こえ》があがった。

人《ひと》が一人《ひとり》、消《き》えてしまった。とても信《しん》じられないけど、これは今《いま》、目《め》の前《まえ》で起《お》こった現実《げんじつ》だ。

さっきまでいた金山《かなやま》くんの姿《すがた》は、もう、どこにもなかった。

長《なが》い、とても長《なが》い間《あいだ》、誰《だれ》も口《くち》を開《ひら》かなかった。みんながみんな、呆然《ぼうぜん》としたまま、同《おな》じ方向《ほうこう》を……金山《かなやま》くんが立《た》っていた場所《ばしょ》を見《み》つめ続《つづ》ける。

やがて、その沈黙《ちんもく》を破《やぶ》ったのは、火夏《ほのか》ちゃんだった。

「……ゲーム、終《お》わらない、ね……」

ああ！　そうだ。人狼《じんろう》を処刑《しょけい》すれば僕達《ぼくたち》の勝利《しょうり》のはずだ。

それなのに、死神《しにがみ》からのアナウンスは特《とく》に何《なに》もなかった。

まだゲームは続《つづ》いている……つまり、金山《かなやま》くんは人狼《じんろう》じゃなかったんだ……。

なんの罪《つみ》もないクラスメイトを、僕《ぼく》たちは殺《ころ》してしまった。

重《おも》くて、気持《きも》ちの悪《わる》い何《なに》かがお腹《なか》の底《そこ》から湧《わ》き上《あ》がってくるような気《き》がして、だけど、僕《ぼく》は口《くち》から出《で》ようとするそれを必死《ひっし》で飲《の》み込《こ》んだ。

「どう、しよう……占《うらな》い師《し》が占《うらな》うのは、木島《きじま》くんってことでいい……かな……？」

火夏《ほのか》ちゃんが、かれかけた声《こえ》で言《い》った。

占《うらな》い師《し》が誰《だれ》を占《うらな》うかは、今後《こんご》、僕《ぼく》たちが勝利《しょうり》するために絶対《ぜったい》に必要《ひつよう》な情報《じょうほう》だ。

議論《ぎろん》の最初《さいしょ》のほうでは、金山《かなやま》くんか木島《きじま》くんを占《うらな》う予定《よてい》になっていた。金山《かなやま》くんはもういないので、木島《きじま》くんを占《うらな》うことになる。

……もし金山《かなやま》くんがじつは占《うらな》い師《し》だったら、この話《はなし》になんの意味《いみ》もなくなるんだけど。

時計《とけい》を見《み》ると、0時《じ》まであと10分《ぷん》ほどだった。ルールでは、自室以外《じしついがい》で翌日《よくじつ》を迎《むか》えると死《し》んでしまうはずだ。

「フン。明日《あした》は、自分《じぶん》が人間《にんげん》だと証明《しょうめい》されるのを楽《たの》しみにしている」

木島《きじま》くんもルールは当然《とうぜん》、覚《おぼ》えてたんだろう。席《せき》を立《た》って、自室《じしつ》に戻《もど》っていった。

続《つづ》いて土屋《つちや》さん、小日向《こひなた》さんが自室《じしつ》に戻《もど》る。

速水《はやみ》さんはショックを受《う》けてないだろうか。だって、金山《かなやま》くんとは幼馴染《おさななじみ》だったはずだ。

でも、声《こえ》をかけられなかった。

僕《ぼく》が悩《なや》んでいる間《あいだ》に、速水《はやみ》さんも自室《じしつ》に戻《もど》っていったみたいだ。

今《いま》すぐにでもここを出《で》たい。家《いえ》に帰《かえ》りたい。そんな思《おも》いが強《つよ》くなってくる。

「シロ、大丈夫《だいじょうぶ》！　アタシが絶対守《ぜったいまも》ってあげるからね！」

僕《ぼく》が弱気《よわき》になってることに気付《きづ》いたのか、火夏《ほのか》ちゃんが僕《ぼく》の手《て》を握《にぎ》ってくれた。

火夏《ほのか》ちゃんの手《て》は、冷《つめ》たかった。それに、声《こえ》も少《すこ》し震《ふる》えている気《き》がする。

火夏《ほのか》ちゃんだって怖《こわ》いはずなんだ。それなのに、僕《ぼく》を励《はげ》まそうとしてくれてる。

怖《こわ》がってる場合《ばあい》じゃない。

「うん……そうだね。絶対《ぜったい》に生《い》きて帰《かえ》ろう！」

僕《ぼく》も火夏《ほのか》ちゃんの手《て》をギュッと握《にぎ》り返《かえ》して、約束《やくそく》した。

火夏《ほのか》ちゃんは、僕《ぼく》が人狼《じんろう》だとはまったく疑《うたが》っていないみたいだ。そして僕《ぼく》も、火夏《ほのか》ちゃんが人狼《じんろう》だなんてありえないと信《しん》じてる。

「それじゃ、また明日《あした》」

「うん、また明日《あした》」

そう言《い》って僕《ぼく》たちも、それぞれの自室《じしつ》へ戻《もど》っていった。

21へ進む

20 標的《ひょうてき》が金山《かなやま》くんから僕《ぼく》へ

「あの……もうちょっと議論《ぎろん》を続《つづ》けてみない？」

どうしてそんなことを口《くち》にしたのか、自分《じぶん》でもビックリした。

金山《かなやま》くんの姿《すがた》を見《み》ていたら、なんとかしてあげたいと思《おも》ったのかもしれない。

「つ、月形《つきがた》、オマエ……」

「お前《まえ》、発言《はつげん》の意味《いみ》がわかっているのか。これ以上《いじょう》、何《なに》を議論《ぎろん》する必要《ひつよう》がある」

早速《さっそく》、木島《きじま》くんにツッコまれた。ほかの人《ひと》たちも口《くち》には出《だ》さないけど、さっさと終《お》わらせたいという気持《きも》ちが痛《いた》いほど伝《つた》わってくる。

「で、でもさ、やっぱりおかしくない？　なんだかみんな、金山《かなやま》くんを処刑《しょけい》することが目的《もくてき》になってるような……」

そうだ、ここで初《はじ》めてわかった。僕《ぼく》はそこに違和感《いわかん》を覚《おぼ》えてたんだ。

「僕《ぼく》も……正直《しょうじき》なことを言《い》えば、金山《かなやま》くんが怪《あや》しいとは思《おも》うよ。でも、金山《かなやま》くんが人狼《じんろう》だっていう確実《かくじつ》な証拠《しょうこ》もないじゃないか。そこをちゃんと話《はな》し合《あ》わないまま投票《とうひょう》するのは、うまく言《い》えないけど、危《あぶ》ない気《き》がするんだ」

「シロ……気持《きも》ちはわかるけど、どこかで決断《けつだん》しないとダメだよ」

火夏《ほのか》ちゃんにも諭《さと》されてしまった。それは、そうかもしれないけど……本当《ほんとう》に決《き》めてしまっていいんだろうか？

「もういい、投票《とうひょう》するぞ。自分《じぶん》は月形《つきがた》に投票《とうひょう》する」

「えっ⁉」

木島《きじま》くんの発言《はつげん》に思《おも》わず声《こえ》をあげてしまった。ど、どうして僕《ぼく》に？

「金山《かなやま》は相当《そうとう》に怪《あや》しい。が、それよりもこのギリギリで場《ば》をひっかきまわそうとするお前《まえ》は邪魔《じゃま》だ。この先《さき》、混乱《こんらん》を招《まね》きかねない。それに、もう時間《じかん》がない。ルールにもあっただろう。自室以外《じしついがい》で日《ひ》をまたぐと、死《し》ぬんだぞ。まさかそれを理解《りかい》しながら、全員《ぜんいん》を殺《ころ》すつもりか？」

「木島《きじま》がそうするなら玲音《れおん》もそうしよーっと」

土屋《つちや》さんも僕《ぼく》に１票《ぴょう》。待《ま》って、待《ま》って！

「あ、アタシは金山《かなやま》くんに投票《とうひょう》する！」

火夏《ほのか》ちゃんがそう宣言《せんげん》して、金山《かなやま》くんに1票《ぴょう》を入《い》れた。

「ワタシは、月形《つきがた》くんに投票《とうひょう》する。さっきまでなら大治《だいじ》だったけど」

これで僕《ぼく》に3票《ぴょう》、金山《かなやま》くんに1票《ぴょう》だ。残《のこ》っているのは、僕《ぼく》、金山《かなやま》くん、小日向《こひなた》さんの3票《ぴょう》。

「……オレは月形《つきがた》に投票《とうひょう》するぜ」

金山《かなやま》くんは、僕《ぼく》に投票《とうひょう》した。当然《とうぜん》だ、自分《じぶん》で自分《じぶん》に投票《とうひょう》するはずがない。

けど、だからって僕《ぼく》に投票《とうひょう》しなくてもいいじゃないか……！

ダメだ、終《お》わった。僕《ぼく》が金山《かなやま》くんに投票《とうひょう》しても2票《ひょう》。仮《かり》に小日向《こひなた》さんが金山《かなやま》くんに投票《とうひょう》してくれても3票《ぴょう》だ。僕《ぼく》が4票《ひょう》で最多得票数《さいたとくひょうすう》なのは変《か》わらない。

つまり……処刑《しょけい》されるのが、僕《ぼく》に決《き》まった……？

「えっ、嘘《うそ》でしょ。ど、どうして、どうして僕《ぼく》が……!?」

信《しん》じられなかった。さっきまではあんなに金山《かなやま》くんが疑《うたが》われていたのに。

僕《ぼく》は、処刑《しょけい》されてしまうのか？

火《ほの》夏《か》ちゃんの顔《かお》を見《み》るけど、視《し》界《かい》がぼやけてよく見《み》えない。
頬《ほお》を熱《あつ》いものが伝《つた》っていくのを感《かん》じる。
ああ、これは涙《なみだ》か。気《き》付《づ》かなかったけど、僕《ぼく》は泣《な》いてるのか。
どうやって処刑《しょけい》されるんだろう。苦《くる》しくないといいけど。
そんな風《ふう》に思《おも》っているうちに、僕《ぼく》の意《い》識《しき》は途《と》切《ぎ》れた。

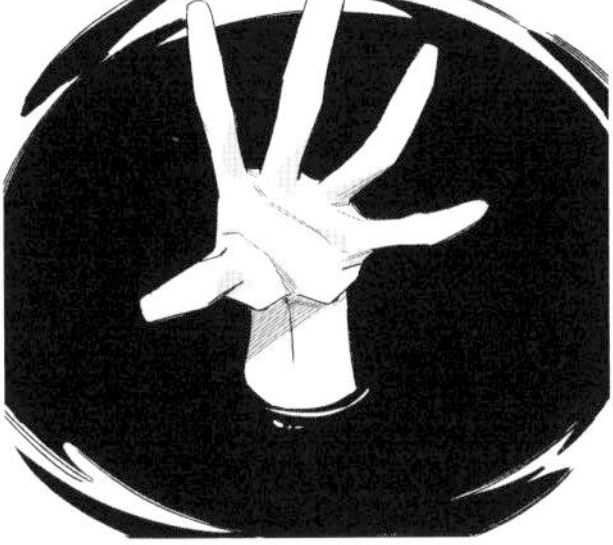

BAD END

21 人狼《じんろう》が襲《おそ》った、二人目《ふたりめ》の犠牲者《ぎせいしゃ》

翌朝《よくあさ》。寝起《ねお》きの気分《きぶん》は最悪《さいあく》だった。

原因《げんいん》はわかってる。昨日《きのう》の処刑《しょけい》だ。

金山《かなやま》くんの最期《さいご》の顔《かお》が夢《ゆめ》の中《なか》に出《で》てきて、そのたびに僕《ぼく》は飛《と》び起《お》きた。先生《せんせい》の死体《したい》も衝撃《しょうげき》的《てき》だったけど、僕《ぼく》の中《なか》では金山《かなやま》くんの最期《さいご》のほうがショックだったみたいだ。

眠《ねむ》ったかと思《おも》うと悪夢《あくむ》を見《み》て目《め》を覚《さ》まして、またうとうとすると同《おな》じ悪夢《あくむ》を見《み》る……その繰《く》り返《かえ》しで、寝《ね》た気《き》がしない。あくびが何度《なんど》も出《で》た。

ダメだ、顔《かお》を洗《あら》って大広間《おおひろま》に行《い》こう。もうみんな集《あつ》まっているかもしれない。

僕《ぼく》は身支度《みじたく》を整《ととの》えて、部屋《へや》の扉《とびら》を開《あ》けた。

やっぱり、みんなは先《さき》にいた。

木島《きじま》くん、速水《はやみ》さん、土屋《つちや》さん、小日向《こひなた》さん……あれ？

「火夏《ほのか》ちゃん、は……？」

嫌《いや》な予感《よかん》がする。

急《きゅう》に心臓《しんぞう》の鼓動《こどう》が爆発《ばくはつ》するみたいに大《おお》きく、速《はや》くなった。

嘘《うそ》だ。嘘《うそ》だ嘘《うそ》だ嘘《うそ》だ嘘《うそ》だ嘘《うそ》だ。そんなことがあるわけない。

だって昨日《きのう》、約束《やくそく》したじゃないか。

また明日《あした》って、そう言《い》ったじゃないか。

僕《ぼく》は慌《あわ》てて、火夏《ほのか》ちゃんの個室《こしつ》の前《まえ》まで移動《いどう》する。

震《ふる》える手《て》を、火夏《ほのか》ちゃんの部屋《へや》のドアノブにかける。

でも、その手《て》が動《うご》かせない。この扉《とびら》を開《ひら》いてしまったら、中《なか》がどうなっているのかわかってしまう。

一番想像《いちばんそうぞう》したくもない光景《こうけい》が広《ひろ》がっているかもしれない。

いや、もしかしたら、ただ寝坊《ねぼう》してるだけなんじゃないか？

そうだよ、火夏《ほのか》ちゃんだって昨日《きのう》のことで疲《つか》れてるから、きっとまだ寝《ね》てるだけなんだ。

「……月形《つきがた》くん」

いつの間《ま》にか、そばに速水《はやみ》さんがいた。ドアノブにかかってい

る僕《ぼく》の手《て》に、そっと自分《じぶん》の手《て》を重《かさ》ねてくる。

「無理《むり》はしなくていい。ワタシが開《あ》ける」

「……。いや、僕《ぼく》が開《あ》けるよ」

速水《はやみ》さんの提案《ていあん》を断《ことわ》って、今度《こんど》こそ僕《ぼく》はドアノブを回《まわ》した。

大丈夫《だいじょうぶ》。絶対《ぜったい》に大丈夫《だいじょうぶ》。ドアを開《あ》けたら、昨日《きのう》と変《か》わらない顔《かお》の火夏《ほのか》ちゃんがいて「あれ、もう朝《あさ》？」なんてのんきなことを言《い》ってくるんだ。そうに違《ちが》いない。絶対《ぜったい》にそうだ。だから、大丈夫《だいじょうぶ》。火夏《ほのか》ちゃんは生《い》きて――。

扉《とびら》が開《あ》いた瞬間《しゅんかん》、嗅《か》いだことのある臭《にお》いが漂《ただよ》ってきた。先生《せんせい》の部屋《へや》を開《あ》けたときと同《おな》じ。

……血《ち》の、臭《にお》いだ。

部屋《へや》の電気《でんき》が消《き》えていたので、スイッチを入《い》れる。

「……ああ」

僕《ぼく》は、一歩《いっぽ》ずつ、ゆっくりと、ベッドに、近付《ちかづ》く。

途中《とちゅう》で、何度《なんど》もこけそうになった。

「ああ……あああああ……」

ようやくベッドにたどりついたときには、もう涙《なみだ》で前《まえ》が見《み》えなくなっていた。

それでも、そこにいるのが火夏《ほのか》ちゃんだというのがわかる。

目《め》が潤《うる》んでよく見《み》えないのに、先生《せんせい》と同《おな》じように、全身《ぜんしん》に獣《けもの》の噛《か》み傷《きず》のようなものがついていることまで、わかる。

全身《ぜんしん》は、ビーフシチューでもぶちまけたように赤黒《あかぐろ》い。

「ああああああああああああああああああああああああ！」

変《か》わり果《は》てた姿《すがた》の火夏《ほのか》ちゃんを、前《まえ》にして。

僕《ぼく》は大声《おおごえ》を上《あ》げて、泣《な》くことしかできなかった。

22 へ進む

22 僕《ぼく》の決意《けつい》

食堂《しょくどう》で小日向《こひなた》さんの作《つく》った朝《あさ》ごはんが振《ふ》る舞《ま》われたけど、僕《ぼく》は一口《ひとくち》も食《た》べられなかった。

気力《きりょく》が湧《わ》かない。何《なに》もしたくない。

だってもう火夏《ほのか》ちゃんはいない。だったら、何《なに》をしても意味《いみ》がない。

なんなら、僕《ぼく》も人狼《じんろう》に食《た》べられてしまえばいいんだ。

いや、処刑《しょけい》されてもいいか。

全部《ぜんぶ》が全部《ぜんぶ》、どうでもよかった。

「月形《つきがた》くん」

速水《はやみ》さんに声《こえ》をかけられた。でも、返事《へんじ》をする元気《げんき》もない。

「そのままでいいから、聞《き》いて。アナタの気持《きも》ちはわかるつもり。ワタシも昨日《きのう》、大治《だいじ》を……」

そこまで言《い》って、速水《はやみ》さんは言葉《ことば》を詰《つ》まらせた。

「……ごめんなさい。簡単《かんたん》に気持《きも》ちがわかるとか言《い》うべきじゃなかった。でも、これだけは確《たし》か。鷹山《たかやま》さんは、最後《さいご》まであなたに生《い》きてほしいと思《おも》っていた」

火夏《ほのか》ちゃんの名前《なまえ》が出《で》てきて、僕《ぼく》の身体《からだ》はビクッと反応《はんのう》した。

「いや、今《いま》でもそう思《おも》ってるはず。鷹山《たかやま》さん……火夏《ほのか》さんなら、きっとそう」

わざわざ名前《なまえ》を言《い》い直《なお》して、速水《はやみ》さんは僕《ぼく》に対《たい》して喋《しゃべ》り続《つづ》けた。

速水《はやみ》さんが、火夏《ほのか》ちゃんの何《なに》を知《し》ってるっていうんだ。

僕《ぼく》がそう言《い》って怒《おこ》り出《だ》すかもしれない、そういう想像《そうぞう》はできたはずだ。

頭《あたま》の良《い》い速水《はやみ》さんなら、その可能性《かのうせい》だって考《かんが》えてるはずだ。

それでも、速水《はやみ》さんは僕《ぼく》を励《はげ》まそうとしてくれた。

「……そうだね。きっと火夏《ほのか》ちゃんなら、続《つづ》けてこう言《い》ったよ」

あれだけ泣《な》いたっていうのに、僕《ぼく》の両目《りょうめ》からは、また、涙《なみだ》がこぼれ落《お》ちていた。顔《かお》を伝《つた》う水《みず》は、とても熱《あつ》い。

少《すこ》しずつ……少《すこ》しずつでは、あるけど。

火夏《ほのか》ちゃんの変《か》わり果《は》てた姿《すがた》を見《み》てから冷《ひ》え切《き》っていた身体《からだ》と心《こころ》に、温《あたた》かさが戻《もど》ってくるのを感《かん》じる。

「〝シロ、アタシがいなくても頑張《がんば》りなさいよ！〟ってさ」

この熱《ねつ》は、速水《はやみ》さんと火夏《ほのか》ちゃんがくれたものだ。

僕《ぼく》に、諦《あきら》めるなって言《い》ってる。

服《ふく》の袖《そで》で涙《なみだ》をぬぐって、速水《はやみ》さんのほうを向《む》いた。

「……ありがとう速水《はやみ》さん。僕《ぼく》は、最後《さいご》まで諦《あきら》めないよ。火夏《ほのか》ちゃんに、怒《おこ》られちゃうからね」

口元《くちもと》をゆるめたけど、速水《はやみ》さんの目《め》にはどう映《うつ》っただろう。僕《ぼく》は、うまく笑《わら》えてたかな？

「そう。やる気《き》が出《で》たなら、いい」

そう言《い》うと、速水《はやみ》さんは食《た》べ終《お》わって空《から》になった食器《しょっき》をキッチンへ持《も》っていった。そして、その足《あし》で食堂《しょくどう》を出《で》ていく。

あたりを見回《みまわ》すと、土屋《つちや》さんも、木島《きじま》くんもすでにいなかった。

そういえば、まだ〝狩人《かりうど》のコイン〟が見《み》つかってないはずだ。それを探《さが》しにいったんだろう。

僕《ぼく》も行《い》こう。人狼《じんろう》に対抗《たいこう》するには、力《ちから》が必要《ひつよう》だ。

「あ、あの……よろしければ、これ……」

椅子《いす》を引《ひ》いて立《た》ち上《あ》がったところに、小日向《こひなた》さんが声《こえ》をかけてきた。

その手《て》にはラップでくるまれたおにぎりが二《ふた》つ。

僕《ぼく》が手《て》を付《つ》けなかった食事《しょくじ》は冷《さ》めて下《さ》げられていたから、わざわざ作《つく》ってくれたんだ。

「わたくしは……誰《だれ》が人狼《じんろう》だとか……誰《だれ》を処刑《しょけい》するかとかを考《かんが》えるのは……とても苦《にが》手《て》です……ですからわたくしは……わたくしにできることをします……！」

小日向《こひなた》さんの目《め》は力強《ちからづよ》い光《ひかり》に満《み》ちていた。そこには、生《い》きることを諦《あきら》めない覚悟《かくご》があるように見《み》えた。

「ありがとう、小日向《こひなた》さん。絶対《ぜったい》に生《い》きて帰《かえ》ろう！」

小日向《こひなた》さんの手《て》からおにぎりを受《う》け取《と》って、僕《ぼく》は食堂《しょくどう》を後《あと》にした。

23 へ進む

23 狩人《かりうど》の力《ちから》を手《て》に入《い》れる

食堂《しょくどう》を出《で》た僕《ぼく》は、時間《じかん》の許《ゆる》す限《かぎ》り館内《かんない》の部屋《へや》を回《まわ》ってみた。

今度《こんど》は闇雲《やみくも》に脱出口《だっしゅつぐち》を探《さが》すんじゃなくて、明確《めいかく》な目的《もくてき》がある。〝狩人《かりうど》のコイン〟だ。

狩人《かりうど》の力《ちから》があれば、人狼《じんろう》の襲撃《しゅうげき》を無効化《むこうか》できる。その力《ちから》で誰《だれ》が人間《にんげん》か、人狼《じんろう》かがわかる占《うらな》い師《し》を守《まも》れば、僕《ぼく》たちは勝《か》てるはずだ。

けど、コインはなかなか見《み》つからなかった。

この大《おお》きな館《やかた》の中《なか》で、1枚《まい》のコインを見《み》つけるなんてできるわけがないんじゃないか……と、そう思《おも》えてくる。でも僕《ぼく》は諦《あきら》めないと決《き》めた。最後《さいご》まで、できることをやるんだ。

「あ、そういえばコレ捨《す》てないと……」

と、そこで思《おも》い出《だ》して、僕《ぼく》はズボンのポケットからおにぎりを包《つつ》んでいたラップを取《と》り出《だ》した。ポイ捨《す》てするわけにもいかないから、手近《てぢか》なところに突《つ》っ込《こ》んでたんだ。

ちょうど、探索《たんさく》していたのは洗濯機《せんたくき》や乾燥機《かんそうき》が置《お》いてあるランドリールームだ。ゴミ箱《ばこ》も置《お》かれてる。

ここで捨《す》ててしまおう。そう思《おも》ってゴミ箱《ばこ》を覗《のぞ》くと……。

「あれ？　なんだろう。何《なに》か光《ひか》ってる」

……まさか。

普段《ふだん》ならゴミ箱《ばこ》に手《て》を突《つ》っ込《こ》むなんてしたくないけど、今《いま》はそんなこと言《い》ってられる状況《じょうきょう》じゃない。

たとえ小《ちい》さな可能性《かのうせい》でも、そこにあるのなら掴《つか》んでやる。

思《おも》い切《き》ってゴミ箱《ばこ》に手《て》を入《い》れて、光《ひか》っていた何《なに》かを取《と》り出《だ》す。

「これは……やっぱり！」

握《にぎ》り締《し》めていた手《て》を開《ひら》くと、コインが金色《きんいろ》に輝《かがや》いた。表面《ひょうめん》には、弓《ゆみ》を構《かま》えた狩人《かりうど》の格好《かっこう》をした人物《じんぶつ》が彫《ほ》られている。

「やった！　これ、絶対《ぜったい》に〝狩人《かりうど》のコイン〟だ！」

探《さが》し求《もと》めていたものが、まさかゴミ箱《ばこ》の中《なか》にあったなんて。ラップを捨《す》てようとしなければ、気付《きづ》かなかった。

「でもこれ、どうやって使《つか》うんだろう……」

持《も》っておけばいいんだろうか？

とりあえずポケットに入《い》れておこうとすると、コインはボロボロと崩《くず》れて跡形《あとかた》もなくなってしまった。

「えっ、ええっ⁉」

いや、そうだ、確《たし》か追加《ついか》のルールで、コインはすぐ消《き》えてしまうって説明《せつめい》されてたハズだ。けど、実際《じっさい》に目《め》にするとびっくりして焦《あせ》ってしまった。

戸惑《とまど》ったけど、コインが崩《くず》れ去《さ》ったのと同時《どうじ》に、僕《ぼく》の身体《からだ》に「何《なに》か」が入《はい》ってきた感《かん》覚《かく》があった。なんだか全身《ぜんしん》に力《ちから》がみなぎってきた気《き》がする。

これで狩人《かりうど》の力《ちから》を得《え》たってことなんだろうか？

大広間《おおひろま》のパネルを見《み》れば、それが確認《かくにん》できるはず。

一度《いちど》戻《もど》ってみよう、と僕《ぼく》が思《おも》った瞬間《しゅんかん》。

今日《きょう》も、無慈悲《むじひ》に死神《しにがみ》の声《こえ》が館内《かんない》に響《ひび》いた。

「諸君《しょくん》、そろそろ議論《ぎろん》の時間《じかん》だ。大広間《おおひろま》に集《あつ》まるといい」

24へ進む

24 二人《ふたり》の占《うらな》い師《し》

大広間《おおひろま》に戻《もど》ると、僕《ぼく》以外《いがい》の全員《ぜんいん》がすでに集《あつ》まっていた。

木島《きじま》くん、土屋《つちや》さん、小日向《こひなた》さん、速水《はやみ》さん、そして僕《ぼく》。初日《しょにち》には８人《にん》いたのに、もう５人《にん》になってしまった。

壁《かべ》のパネルを見《み》ると、狩人《かりうど》の部分《ぶぶん》がしっかり点灯《てんとう》していた。やっぱり、僕《ぼく》が見《み》つけたあのコインがそうだったに違《ちが》いない。

これで占《うらな》い師《し》が名乗《なの》り出《で》てくれるはずだ。もし狩人《かりうど》がいないままだったら、占《うらな》い師《し》が誰《だれ》かを占《うらな》っても、それを教《おし》えてくれることはなかっただろう。

守《まも》ってくれる狩人《かりうど》がいなければ、占《うらな》い師《し》が人狼《じんろう》に狙《ねら》われるに決《き》まってる。

でも、どうやって議論《ぎろん》を始《はじ》めよう。僕《ぼく》が狩人《かりうど》だってことは明《あ》かせない。正体《しょうたい》がバレれば、真《ま》っ先《さき》に人狼《じんろう》に狙《ねら》われるのは、僕《ぼく》だ。

そして次《つぎ》は占《うらな》い師《し》。だから、今《いま》この状況《じょうきょう》で僕《ぼく》が狩人《かりうど》であることをみんなに知《し》られるわけにはいかない。

ということは、自信満々《じしんまんまん》に議論《ぎろん》を進《すす》めようとしちゃダメだってことだ。そういう態度《たいど》から、僕《ぼく》の正体《しょうたい》に気付《きづ》く人《ひと》が現《あらわ》れるかもしれない。

難《むずか》しいな、と悩《なや》んでいると、小日向《こひなた》さんが手《て》をあげた。

「……わたくしが占《うらな》い師《し》です」

ええ⁉　ま、まさか小日向《こひなた》さんが占《うらな》い師《し》だったなんて！

でも、そうか、食堂《しょくどう》で僕《ぼく》と話《はな》していたときのあの覚悟《かくご》に満《み》ちた目《め》は、そういうことだったのか。

小日向《こひなた》さんも戦《たたか》う覚悟《かくご》を決《き》めた……ってことでいいんだよね。

「そ、そうなんだ……じゃあ木島《きじま》くんが人間《にんげん》か、人狼《じんろう》かがわかるってことだよね？」

議論《ぎろん》の進行役《しんこうやく》を木島《きじま》くんや速水《はやみ》さんにやらせるわけにはいかない。頭《あたま》の良《い》い二人《ふたり》のことだ。

もし人狼《じんろう》だった場合《ばあい》、簡単《かんたん》に僕《ぼく》たちをだましとおせるだろう。

僕《ぼく》が、火夏《ほのか》ちゃんのように上手《じょうず》にできるかはわからないけど、頑張《がんば》るしかない。

「わ、わたくしが占《うらな》ったのは……木島《きじま》さんではありません……」

「なんだと？」

木島《きじま》くんが珍《めずら》しく驚《おどろ》いたように目《め》を見開《みひら》いた。

僕《ぼく》もそうだったけど、小日向《こひなた》さんの答《こた》えは、木島《きじま》くんにとっても予想外《よそうがい》だったらしい。

「えっ、そ、それじゃ一体誰《いったいだれ》を占《うらな》ったの？」

僕《ぼく》の質問《しつもん》に、小日向《こひなた》さんは隣《となり》に座《すわ》っている土屋《つちや》さんのほうを見《み》ながら言《い》った。

「わ、わたくしが占《うらな》ったのは……つ、土屋《つちや》さんです……彼女《かのじょ》は人狼《じんろう》でした……！」

大広間《おおひろま》がザワッとした。土屋《つちや》さんが……人狼《じんろう》？

「で、でもどうして土屋《つちや》さんを占《うらな》ったの？　昨日《きのう》の取《と》り決《き》めだと……木島《きじま》くんを占《うらな》う予定《よてい》だったよね？」

土屋《つちや》さんが人狼《じんろう》だとわかった以上《いじょう》、あとは彼女《かのじょ》を処刑《しょけい》すればゲーム終了《しゅうりょう》になる。

でも小日向《こひなた》さんが、全員《ぜんいん》で決《き》めた約束《やくそく》を破《やぶ》ったのも事実《じじつ》だ。だから、小日向《こひなた》さんの発言《はつげん》を疑《うたが》う人《ひと》も出《で》てくるはず。

チラッと木島《きじま》くんを見《み》ると、やっぱり少《すこ》し不満《ふまん》そうな顔《かお》をしていた。

「か、金山《かなやま》さんが処刑《しょけい》されるときのことです……わたくしは見《み》て

しまいました……消《き》えていく金山《かなやま》さんの姿《すがた》を見《み》て……わ、笑《わら》っていた土屋《つちや》さんを……」

土屋《つちや》さんが、金山《かなやま》くんの処刑《しょけい》を見《み》て笑《わら》っていた？

それは……確《たし》かに、小日向《こひなた》さんが土屋《つちや》さんを人狼《じんろう》だと疑《うたが》っても仕方《しかた》ない。

もし僕《ぼく》が占《うらな》い師《し》で、同《おな》じものを見《み》てたら、同《おな》じように占《うらな》う相手《あいて》を変《か》えたかもしれない。

「ほ、ほかのかたがたは……少《すく》なくとも、た、楽《たの》しそうな顔《かお》なんてしていませんでした……速《はや》水《み》さんも……」

小日向《こひなた》さんが、速水《はやみ》さんの顔《かお》をチラッと見《み》ながら言《い》った。小日向《こひなた》さんも、金山《かなやま》くんと速水《はやみ》さんが幼馴染《おさななじみ》だって知《し》ってたのか。

速水《はやみ》さんの気持《きも》ちを思《おも》うと、心《こころ》が締《し》め付《つ》けられる。速水《はやみ》さんはあのとき、僕《ぼく》と同《おな》じようにつらい思《おも》いをしていたはずだ。

「そ、それが占《うらな》う相手《あいて》を変《か》えた理由《りゆう》……です……！」

小日向《こひなた》さんは今《いま》も隣《となり》に座《すわ》っている土屋《つちや》さんを、まるで化《ば》け物《もの》を見《み》るような目《め》で見《み》つめ、怯《おび》えていた。

「小日向《こひなた》、嘘《うそ》はダメだなー」

土屋《つちや》さんが、いつもと変《か》わらない調子《ちょうし》で喋《しゃべ》り始《はじ》めた。

「占《うらな》い師《し》は玲音《れおん》だよ」

……なんだって？

「ま、待《ま》って、土屋《つちや》さんも占《うらな》い師《し》だって言《い》うの⁉」

「……まあ、そうなるか」

木島《きじま》くんが舌打《したう》ちしながらつぶやいた。この事態《じたい》を予想《よそう》していたみたいだ。

「土屋《つちや》さんも占《うらな》い師《し》だとして、誰《だれ》を占《うらな》ったの？」

二人目《ふたりめ》の占《うらな》い師《し》の登場《とうじょう》にも驚《おどろ》かず、速水《はやみ》さんは冷静《れいせい》に質問《しつもん》していた。

「木島《きじま》だよ。だって昨日《きのう》そう決《き》めたでしょー？　あ、ちなみに木島《きじま》は人狼《じんろう》だったよ。怖《こわ》いよねー」

小日向《こひなた》さんとはまるで逆《ぎゃく》で、土屋《つちや》さんの口調《くちょう》は、いつもと変《か》わらなかった。土屋《つちや》さんの占《うらな》いの結果《けっか》が本当《ほんとう》なら、今《いま》、みんなの前《まえ》にいるのは、人《ひと》を二人《ふたり》も噛《か》み殺《ころ》した化《ば》け物《もの》だっていうのに。

「なんでこのタイミングで、占《うらな》い師《し》だって名乗《なの》り出《で》たの？」

速水《はやみ》さんが質問《しつもん》を重《かさ》ねる。

「だって、狩人《かりうど》っていうのがいれば守《まも》ってもらえるんでしょー？　だからだよー」

「わっ、わたくしだってそうです！」

土屋《つちや》さんの答《こた》えを遮《さえぎ》るような勢《いきお》いで、小日向《こひなた》さんが叫《さけ》んだ。

そうか……小日向《こひなた》さんは恐《おそ》れてるんだ。

占《うらな》い師《し》が二人出《ふたりで》てしまった。どちらかが偽者《にせもの》のはず。

自分《じぶん》が偽者《にせもの》だと言《い》われてしまえば、最悪《さいあく》、処刑《しょけい》されてしまうかもしれない。

小日向《こひなた》さんを見《み》ると、下《した》を向《む》いて震《ふる》えている。それは横《よこ》に座《すわ》っている土屋《つちや》さんが人狼《じんろう》だからなのか、それとも自分《じぶん》が処刑《しょけい》される可能性《かのうせい》を考《かんが》えているからなのか……。

「で、でも……わたくし、狩人《かりうど》が現《あらわ》れなければ、だ、黙《だま》っているつもりでした……だ、だって占《うらな》い師《し》だとわかってしまえば……人狼《じんろう》に殺《ころ》されてしまうでしょうから……」

卑怯《ひきょう》でごめんなさい、と言《い》いながら、小日向《こひなた》さんは泣《な》いてしまった。

気持《きも》ちはとてもよくわかる。僕《ぼく》だって、同《おな》じ状況《じょうきょう》なら名乗《なの》り出《で》られないだろう。

狩人《かりうど》がいなかったら名乗《なの》り出《で》なかった、という情報《じょうほう》は、本当《ほんとう》なら言《い》う必要《ひつよう》のないものだ。

さっき小日向《こひなた》さん自身《じしん》が言《い》ったように、ほかの人《ひと》から卑怯《ひきょう》だって思《おも》われるし、悪《わる》いイメージを持《も》たれてしまう。

それでもその話《はなし》をしたってことは、小日向《こひなた》さんは「本当《ほんとう》のことを言《い》っている」と思《おも》われたいってことだろう。

朝《あさ》にもらった、おにぎりの温《あたた》かさを思《おも》い出《だ》す。僕《ぼく》は小日向《こひなた》さんを信《しん》じたい。

「占《うらな》い師《し》を名乗《なの》る二人《ふたり》に聞《き》きたいことがある。答《こた》えてもらおう」

ずっと考《かんが》え込《こ》んでいるような顔《かお》をしていた木島《きじま》くんが、不意《ふい》に口《くち》を開《ひら》いた。

「占《うらな》い師《し》のコインは、どこでどうやって見《み》つけた？　小日向《こひなた》、お前《まえ》から答《こた》えてもらおう」

コインの入手方法《にゅうしゅほうほう》から、どっちが本物《ほんもの》の占《うらな》い師《し》かを探《さぐ》るつもりなんだろうか？

そんなことができるんだろうか……。

泣《な》いていた小日向《こひなた》さんは、ビクッと身体《からだ》を震《ふる》わせたあと、少《すこ》し間《ま》を置《お》いて喋《しゃべ》り始《はじ》めた。

「……わ、わたくしは……最初《さいしょ》に料理《りょうり》したときです……お魚《さかな》をさばいていると……お魚《さかな》の口《くち》から、コインが出《で》てきたんです……」

「土屋《つちや》はどうだ」

「えー、それ重要《じゅうよう》なのー？」

「いいから答《こた》えろ」

「どこで見《み》つけたんだったかなー。あっ、そうだ、虫《むし》を捕《と》ってたときに見《み》つけたんだよー」

「ふむ……」

二人《ふたり》の回答《かいとう》を聞《き》いて、木島《きじま》くんはまた考《かんが》えこむような顔《かお》に戻《もど》った。今《いま》の答《こた》えで、何《なに》かがわかるんだろうか。少《すく》なくとも僕《ぼく》には、さっぱりだけど。

どっちも、本当《ほんとう》のことを言《い》っているようにしか思《おも》えない。

「もう一《ひと》つ聞《き》かせろ。占《うらな》い師《し》の力《ちから》を得《え》たとき、どうやってそのことを知《し》った？　力《ちから》の使《つか》い方《かた》は、すぐわかるものなのか？」

わかるよ、と答《こた》えかけて、僕《ぼく》は言葉《ことば》を飲《の》み込《こ》んだ。コインを見《み》つけたあと、自分《じぶん》の中《なか》に「何《なに》か」……力《ちから》みたいなものが入《はい》ってくる感覚《かんかく》があった。でもそれを言《い》うわけにはいかない。狩《かり》人《うど》であることが知《し》られてしまう。

力《ちから》の使《つか》い方《かた》については、特《とく》に何《なに》もない。死神《しにがみ》からの説明《せつめい》もなかった。

「そ、それが……何《なに》か……力《ちから》のようなものを得《え》た感触《かんしょく》はあったのですが……使《つか》い方《かた》については、特《とく》に……」

「玲音《れおん》もそんな感《かん》じー。でも占《うらな》い師《し》なんだってのは、なんとなくわかったなー」

小日向《こひなた》さんも、土屋《つちや》さんも、僕《ぼく》のときと同《おな》じだったみたいだ。

改《あらた》めて考《かんが》えると、力《ちから》の使《つか》い方《かた》がわからないのはどうなんだ……？

それを自分《じぶん》で探《さぐ》るのも含《ふく》めて、ゲームの一部《いちぶ》ってことなんだろうか。

「……クソ。もういい」

どうやら二人《ふたり》の答《こた》えは、木島《きじま》くんが望《のぞ》んだものじゃなかったみたいだ。苛立《いらだ》ちを隠《かく》そうともしない。

「木島《きじま》くんの用《よう》は終《お》わった？　……ワタシは小日向《こひなた》さんが怪《あや》しいと思《おも》う。正体《しょうたい》を明《あ》かした理《り》由《ゆう》が土屋《つちや》さんの後追《あとお》いだし」

あ、しまった！　もう議論《ぎろん》は始《はじ》まってるんだ！

速水《はやみ》さんに先手《せんて》を取《と》られてしまった。

「それに、そもそも前日《ぜんじつ》の約束《やくそく》を破《やぶ》ってほかの人《ひと》を占《うらな》っているのも変《へん》」

まずい。僕《ぼく》は小日向《こひなた》さんを信《しん》じたいと思《おも》っているけど、速水《はやみ》さんはどうやらそうじゃないらしい。このまま速水《はやみ》さんのペースに持《も》ち込《こ》まれると、小日向《こひなた》さんが処刑《しょけい》されてしまう可能性《かのうせい》が高《たか》い。

「ま、待《ま》ってよ。そもそも、先《さき》に占《うらな》い師《し》だって言《い》ったのは小日向《こひなた》さんだよ？」

「そうだな。そこの順序《じゅんじょ》をはき違《ちが》えてもらっては困《こま》る」

木島《きじま》くんが僕《ぼく》の意見《いけん》に同意《どうい》してくれた。

そうか、土屋《つちや》さんの発言《はつげん》が正《ただ》しいとすると木島《きじま》くんは人狼《じんろう》になってしまう。だから木島《きじま》くんとしては、小日向《こひなた》さんが正《ただ》しいほうがいいんだ。これは頼《たの》もしいぞ。

「土屋《つちや》が占《うらな》い師《し》だと言《い》ったのは、小日向《こひなた》の言《い》うことが本当《ほんとう》だからじゃないのか？」

木島《きじま》くんは更《さら》にたたみかけるように言《い》う。

「つまり土屋《つちや》こそ人狼《じんろう》で、占《うらな》い師《し》をかたっているというわけだ」

「それを言《い》うなら、木島《きじま》も自分《じぶん》が人狼《じんろう》で、処刑《しょけい》されたくないからそう言《い》ってるんじゃないのー？」

木島《きじま》くんの言葉《ことば》にまったく引《ひ》くことなく、土屋《つちや》さんが反論《はんろん》する。

この二人《ふたり》の構図《こうず》だと、お互《たが》い人狼《じんろう》じゃないって言《い》い張《は》ってるだけになってしまう。このままじゃ議論《ぎろん》が前《まえ》に進《すす》まない。

「で、でもさ……それだとおかしくないかな？」

みんなが僕《ぼく》のほうを向《む》いた。ちゅ、注目《ちゅうもく》されると、ちょっと喋《しゃべ》りにくいな。

「そもそも昨日《きのう》、木島《きじま》くんを占《うらな》うってことにはみんなが同意《どうい》したよね」

昨日《きのう》の木島《きじま》くんの発言《はつげん》を思《おも》い出《だ》す。確《たし》か『自分《じぶん》が人間《にんげん》だと証明《しょうめい》されるのを楽《たの》しみにしている』だったはずだけど。

「木島《きじま》くん自身《じしん》も、自分《じぶん》が占《うらな》われることを望《のぞ》んでたんだよ。もし木島《きじま》くんが人狼《じんろう》だったら、あの場《ば》で〝別《べつ》の人《ひと》を占《うらな》う〟ように言《い》うんじゃない？」

うん、大丈夫《だいじょうぶ》。ちゃんと話《はなし》に筋《すじ》が通《とお》ってる。

僕《ぼく》だってやればできるんだ。

でも、速水《はやみ》さんは追及《ついきゅう》の手《て》を止《と》めなかった。

「仮定《かてい》として、木島《きじま》くんが人狼《じんろう》だという前提《ぜんてい》で喋《しゃべ》る。昨日《きのう》のあの状況《じょうきょう》で、木島《きじま》くんが占《うらな》い先《さき》を変《か》えようとするほうが怪《あや》しまれない？　だから拒否《きょひ》しなかったのかも」

「人狼《じんろう》なのに、占《うらな》い師《し》に占《うらな》われるのを受《う》け入《い》れた……ってこと？」

そんなこと、ありえるんだろうか？

僕《ぼく》は必死《ひっし》に頭《あたま》を働《はたら》かせて、反論《はんろん》を試《こころ》みる。

「確《たし》かに、占《うらな》いの対象《たいしょう》になったときにそれを避《さ》けようとするのは怪《あや》しいよ。それは木島《きじま》くんも最初《さいしょ》の議論《ぎろん》のときに言《い》ってたよね」

「ああ、確《たし》かに言《い》った。金山《かなやま》と土屋《つちや》に向《む》けてな」

よし、ここまではいい流《なが》れだ。

「でもさ、それで人狼《じんろう》だってバレたら終《お》わりじゃないかな。やっぱり〝人狼《じんろう》だと確定《かくてい》でバレる〟より、怪《あや》しまれるほうがよっぽどマシだよ。それに、木島《きじま》くんは頭《あたま》が良《い》いから……怪《あや》しまれないように、自分《じぶん》を占《うらな》いの対象《たいしょう》から外《はず》すように動《うご》けたかもしれない」

ううん。最後《さいご》の部分《ぶぶん》は、かなり説得力《せっとくりょく》が足《た》りないかな。だって、どうやって怪《あや》しまれずに動《うご》けたのか、具体的《ぐたいてき》な方法《ほうほう》を示《しめ》せてないから。

それでも速水《はやみ》さんの言《い》う「占《うらな》い先《さき》を変《か》えようと動《うご》くのは怪《あや》しくて疑《うたが》われるから、人狼《じんろう》である木島《きじま》くんは占《うらな》いを受《う》け入《い》れていた」って主張《しゅちょう》に対抗《たいこう》はできたと思《おも》う。

さあ、速水《はやみ》さんはどう出《で》る……？

「ワタシはあくまで可能性《かのうせい》の一《ひと》つとして話《はな》しただけ。月形《つきがた》くんの主張《しゅちょう》に、特《とく》に異論《いろん》はない」

あれ。意外《いがい》なことに、あっさりと引《ひ》き下《さ》がった。可能性《かのうせい》を一《ひと》つひとつ潰《つぶ》していくってことかな。確《たし》かに、議論《ぎろん》の場《ば》ではそうすることが正《ただ》しい。

「でも、小日向《こひなた》さんが〝占《うらな》う先《さき》を独断《どくだん》で変更《へんこう》した〟件《けん》は決着《けっちゃく》がついてない。根拠《こんきょ》が〝処刑《しょけい》のときに土屋《つちや》さんが笑《わら》っていたから〟だけでは信用《しんよう》できない」

その点《てん》に関《かん》しては、速水《はやみ》さんの言《い》うとおりだ。

「ほかに誰《だれ》か、土屋《つちや》さんが笑《わら》っていたのを見《み》た人《ひと》はいる？　小日向《こひなた》さん以外《いがい》にも見《み》ていた人《ひと》がいたというなら、多少《たしょう》の説得力《せっとくりょく》はあるんだけど」

少《すく》なくとも、僕《ぼく》は見《み》てない。木島《きじま》くんはどうだろう？

チラッと木島《きじま》くんのほうを見《み》てみたけど、無言《むごん》だ。見《み》てないってことだろう。

速水《はやみ》さんも、さっきの言《い》い方《かた》だと、目撃《もくげき》してはいないはずだ。

つまり……小日向《こひなた》さんの主張《しゅちょう》を裏付《うらづ》ける証拠《しょうこ》は、ないってことになる。

じつは小日向《こひなた》さんが人狼《じんろう》で、土屋《つちや》さんを陥《おとしい》れるために嘘《うそ》をついている、という可能性《かのうせい》は消《き》えない。

時計《とけい》を見《み》ると、もう11時《じ》になろうとしていた。そろそろ投票《とうひょう》を開始《かいし》しないといけない。

小日向《こひなた》さんの言《い》うことが真実《しんじつ》で、土屋《つちや》さんが人狼《じんろう》なんだろうか。

それとも土屋《つちや》さんの言《い》うことが真実《しんじつ》で、木島《きじま》くんが人狼《じんろう》なのか？

どちらかが嘘《うそ》をついていることだけは確《たし》かだ。

「そろそろ投票《とうひょう》に移《うつ》ろう。ワタシは土屋《つちや》さんを信《しん》じて木島《きじま》くんに投票《とうひょう》する」

「玲音《れおん》も木島《きじま》に投票《とうひょう》するよー。だって人狼《じんろう》だもんねー」

「わ、わたくしは……土屋《つちや》さんに投票《とうひょう》します……」

「……自分《じぶん》は、土屋《つちや》に投票《とうひょう》する」

木島《きじま》くんに2票《ひょう》、土屋《つちや》さんに2票《ひょう》が入《はい》った。

僕《ぼく》の1票《ぴょう》で、どちらが処刑《しょけい》されるかが決《き》まるってことか……責任重大《せきにんじゅうだい》だ。

覚悟《かくご》を決《き》めよう。どちらに投票《とうひょう》するべきか……？

【木島くんに投票する】なら 25 へ進む

【土屋さんに投票する】なら 27 へ進む

25 人狼《じんろう》を処刑《しょけい》したはずなのに……？

「……僕《ぼく》は木島《きじま》くんに投票《とうひょう》する」

小日向《こひなた》さんのことは信《しん》じたい。けど、やっぱり〝占《うらな》う相手《あいて》を独断《どくだん》で変《か》えた〟ことへの理由《りゆう》としては、根拠《こんきょ》が薄《うす》い。

木島《きじま》くんが人狼《じんろう》なら、処刑《しょけい》すればそれでゲームが終《お》わるはずだ。

もしそうじゃなかったら、夜《よる》に人狼《じんろう》の襲撃《しゅうげき》がある。それでもまだ、３人《にん》が残《のこ》って、勝負《しょうぶ》は続《つづ》けられる。

ゲームが終《お》わらない場合《ばあい》、土屋《つちや》さんが占《うらな》い師《し》をかたった人狼《じんろう》ということになるから、最後《さいご》の日《ひ》に土屋《つちや》さんを処刑《しょけい》すればゲームが終《お》わって解放《かいほう》されるはずだ。

……人《ひと》が死《し》ぬっていうのに、物事《ものごと》を遊《あそ》びみたいに捉《とら》えているのには抵抗《ていこう》があるけど、もう、そんなことを気《き》にするのはやめよう。

なんとしても、生《い》き残《のこ》るんだ。

「……多少《たしょう》は頭《あたま》が回《まわ》るヤツだと思《おも》っていたが、見込《みこ》み違《ちが》いか」

木島《きじま》くんは、僕《ぼく》のほうを見《み》てそう言《い》った。

その足元《あしもと》には、金山《かなやま》くんを飲《の》み込《こ》んだときと同《おな》じ、黒《くろ》い水《みず》たまりのような影《かげ》が広《ひろ》がっている。

木島《きじま》くんは椅子《いす》から立《た》ち上《あ》がって、残《のこ》った人《ひと》たちを無言《むごん》でじっと見《み》つめていた。

そして、最後《さいご》まで何《なに》も言《い》うことなく、静《しず》かに影《かげ》の中《なか》に消《き》えていった。

「……はっ……はっ……」

いつの間《ま》にか、僕《ぼく》は息《いき》を止《と》めてしまっていたみたいだ。

僕《ぼく》が決断《けつだん》を下《くだ》したこと、木島《きじま》くんの最期《さいご》を目《ま》の当《あ》たりにしたこと、それらが重荷《おもに》になって緊《きん》張《ちょう》してたんだと思《おも》う。

……人狼《じんろう》は処刑《しょけい》した。これでゲームは終《お》わるはずだ。

でも、いつまで待《ま》っても何《なに》も起《お》きない。死神《しにがみ》からなんのアナウンスもない。

待《ま》って。僕《ぼく》は、処刑《しょけい》する相手《あいて》を間違《まちが》えたのか？

「そろそろ日付《ひづけ》が変《か》わるから、ワタシは部屋《へや》に戻《もど》る。アナタたちもそうしたほうがいい」

そう言《い》って速水《はやみ》さんは部屋《へや》に戻《もど》っていった。

「玲音《れおん》もそうしよーっと。じゃあね、バイバーイ」

土屋《つちや》さんは、ずっと調子《ちょうし》が変《か》わらない。ものすごくマイペースだ。

小日向《こひなた》さんは何《なに》を思《おも》っているのか、一言《ひとこと》も発《はっ》することなく、席《せき》を立《た》って自室《じしつ》へと向《む》かった。

……僕《ぼく》も……部屋《へや》に戻《もど》ろう。動揺《どうよう》している気持《きも》ちを、抑《おさ》えこむんだ。

ゲームがまだ終《お》わってないんだとしたら、占《うらな》い師《し》であるはずの人物《じんぶつ》を守《まも》らなきゃいけない。

自分《じぶん》の部屋《へや》に戻《もど》ると扉《とびら》に自動《じどう》で鍵《かぎ》がかかる。ベッドに倒《たお》れ込《こ》み、考《かんが》える。

狩人《かりうど》の力《ちから》ってどうやって使《つか》えばいいんだ？

この人《ひと》を守《まも》るって、念《ねん》じればいいんだろうか。

そんなことを考《かんが》えてると、ガチャリ、という音《おと》がした。

え、なんの音《おと》？

慌《あわ》ててベッドから飛《と》び起《お》きて音《おと》のした方向《ほうこう》、入《い》り口《ぐち》の扉《とびら》を見《み》る。

ノブがゆっくりと回《まわ》っているのが見《み》える。

そんな、まさか。

ドアが、少《すこ》しずつ開《ひら》いていくのを、僕《ぼく》はただじっと見《み》ていることしかできなかった。
開《ひら》ききったドアの先《さき》には真《ま》っ暗《くら》な闇《やみ》が広《ひろ》がっていた。
ゴフーッ……ゴフーッ……と、獣《けもの》の荒《あら》い息《いき》が聞《き》こえる。
どうやら、僕《ぼく》の運命《うんめい》はここまでのようだ。
ごめん、火《ほの》夏《か》ちゃん……。

BAD END

26 初日《しょにち》の処刑《しょけい》に反対《はんたい》していた

そう、気《き》になったのは、速水《はやみ》さんが初日《しょにち》の処刑《しょけい》に反対《はんたい》していたことだ。

人狼《じんろう》の立場《たちば》からすると、自分《じぶん》を排除《はいじょ》することができる処刑《しょけい》を行《おこな》わないほうが単純《たんじゅん》に有利《ゆうり》だ。人狼《じんろう》には身《み》の危険《きけん》がなくなり、その夜《よる》に人間《にんげん》を襲《おそ》うことができる。

「速水《はやみ》さんは人狼《じんろう》じゃないのに、どうして初日《しょにち》の処刑《しょけい》に反対《はんたい》したの？　自分《じぶん》が標的《ひょうてき》にされるかもしれないけど、人狼《じんろう》を排除《はいじょ》できる貴重《きちょう》な機会《きかい》でもあるよね。それってちょっと、おかしくないかな」

「あのときは、人狼《じんろう》ゲームで本当《ほんとう》に人《ひと》が死《し》ぬなんて思《おも》ってなかった。馬鹿《ばか》げたゲームに参加《さんか》したくなかっただけ。それに月形《つきがた》くんの意見《いけん》を汲《く》むなら、ゲーム自体《じたい》をしないと言《い》った七宝《しっぽう》先生《せんせい》が一番《いちばん》怪《あや》しいってことになる」

「え……いや、その……」

しまった。指摘《してき》する発言《はつげん》を間違《まちが》えた。

その後《あと》、僕《ぼく》はできる限《かぎ》り頑張《がんば》ったけど、結局《けっきょく》は議論《ぎろん》で印象《いんしょう》を挽回《ばんかい》することはできなかった。

みんなに投票《とうひょう》で選《えら》ばれたのは、僕《ぼく》。

そんな……速水《はやみ》さんが人狼《じんろう》なのに！

どうしてみんなわかってくれないんだ！

……いや、そうじゃない。

僕《ぼく》の力《ちから》が足《た》りなかったんだ。

もっと慎重《しんちょう》に議論《ぎろん》を進《すす》めていれば、きっと速水《はやみ》さんを……人狼《じんろう》を追《お》い詰《つ》められていたはずだ。

ごめん、火夏《ほのか》ちゃん……。

大《おお》きな後悔《こうかい》と一緒《いっしょ》に、僕《ぼく》は、黒《くろ》い影《かげ》に飲《の》み込《こ》まれてしまった。

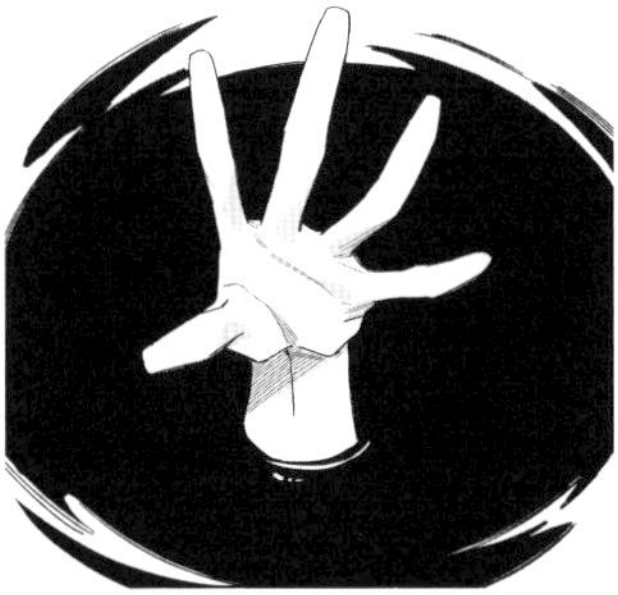

BAD END

27 土屋《つちや》さんの処刑《しょけい》とゲームの続行《ぞっこう》

やっぱり、最初《さいしょ》に占《うらな》い師《し》を名乗《なの》った小日向《こひなた》さんを信《しん》じる。

土屋《つちや》さんが占《うらな》い師《し》だった場合《ばあい》、木島《きじま》くんが人狼《じんろう》ということになる。

でも、それなら小日向《こひなた》さんは自身《じしん》が占《うらな》い師《し》だと嘘《うそ》をついていることになる。

普通《ふつう》の人《ひと》が嘘《うそ》をつくメリットはないはずだ。つまり自身《じしん》が占《うらな》い師《し》だと嘘《うそ》をついた人《ひと》も人狼《じんろう》のはず。

土屋《つちや》さんが占《うらな》い師《し》だとすると、木島《きじま》くんと小日向《こひなた》さんが人狼《じんろう》で、人狼《じんろう》が二人《ふたり》になってしまう。人狼《じんろう》は一人《ひとり》なんだからそれはおかしい。

つまり小日向《こひなた》さんこそが本物《ほんもの》の占《うらな》い師《し》で、土屋《つちや》さんが人狼《じんろう》なんだ。

「僕《ぼく》は、土屋《つちや》さんに投票《とうひょう》するよ」

これで木島《きじま》くんへの投票《とうひょう》が2票《ひょう》。土屋《つちや》さんへの投票《とうひょう》が3票《ぴょう》になった。

処刑《しょけい》される人物《じんぶつ》は、土屋《つちや》さんに決《き》まった。

「そっかー。玲音《れおん》が処刑《しょけい》されることになっちゃったかー」

土屋《つちや》さんの足元《あしもと》の影《かげ》から、いくつもの手《て》が伸《の》びていくのが見《み》えた。

ゆっくりと影《かげ》の中《なか》に土屋《つちや》さんが沈《しず》んでいく。自分《じぶん》が死《し》ぬっていうのに、いつもと変《か》わらない笑顔《えがお》だった。まるで、それ以外《いがい》の表情《ひょうじょう》を忘《わす》れてしまったかのように。

「これで終《お》わるといいね」

土屋《つちや》さんが、僕《ぼく》をまっすぐに見《み》てそう言《い》った。

その顔《かお》は、本心《ほんしん》からそう言《い》ってる笑顔《えがお》にも見《み》えたし、僕《ぼく》たちをだました人狼《じんろう》としての凶悪《きょうあく》な笑顔《えがお》にも見《み》えた。

金山《かなやま》くんの処刑《しょけい》のときも、こんな笑顔《えがお》で見《み》つめてたんだろうか？

そんなことを考《かんが》えてる間《あいだ》に、土屋《つちや》さんは完全《かんぜん》に影《かげ》に飲《の》み込《こ》まれた。

「…………」

また一人《ひとり》、死《し》んだ。

今《いま》まで生《い》きていた人《ひと》が、当《あ》たり前《まえ》みたいに、目《め》の前《まえ》で消《き》えてしまった。

生《い》きることを諦《あきら》めない、その為《ため》に人狼《じんろう》ゲームをやり遂《と》げると決《き》めたのに、僕《ぼく》の手足《てあし》は小刻《こきざ》みに震《ふる》え始《はじ》める。

だけど、人狼《じんろう》は、処刑《しょけい》した。これでゲームは終《お》わりのはずだ。

……それなのに。じっと待《ま》っていても、死神《しにがみ》からのアナウンスは、ない。

「どうして……これで終《お》わりじゃないの!?」

僕《ぼく》の叫《さけ》びがむなしく大広間《おおひろま》に響《ひび》いた。

「やっぱり……小日向《こひなた》さん、アナタが占《うらな》い師《し》をかたる人狼《じんろう》だった」

いつものような速水《はやみ》さんの落《お》ち着《つ》いた声《こえ》。ただ、怒《おこ》ってるように聞《き》こえるのは、僕《ぼく》の気《き》のせいだろうか？

「ち、違《ちが》います！　わたくしは本当《ほんとう》のことを言《い》っています！　土屋《つちや》さんは、確《たし》かに人狼《じんろう》でした……！」

一方《いっぽう》、小日向《こひなた》さんは焦《あせ》った様子《ようす》で速水《はやみ》さんの言葉《ことば》を否定《ひてい》する。

「口《くち》ではなんとでも言《い》える。予告《よこく》しておく。ワタシは明日《あした》、アナタを処刑《しょけい》する」

速水《はやみ》さんはそう言《い》うと、さっさと部屋《へや》に戻《もど》ってしまった。

「わたくしは……わたくしは人狼《じんろう》ではありません……」

そして小日向《こひなた》さんは、力《ちから》なくそうつぶやいて、崩《くず》れ落《お》ちた。顔《かお》を両手《りょうて》で覆《おお》って、泣《な》き声《ごえ》をあげ始《はじ》める。

一体《いったい》どうなってるんだ。まだゲームが終《お》わってないというなら、僕《ぼく》にできることはなんだ。

何《なに》がある？

そうだ、木島《きじま》くんに相談《そうだん》すれば……。

そう思《おも》って木島《きじま》くんに声《こえ》をかけようとした。

「おかしい……どうなってるんだ、この状況《じょうきょう》は？ それに、自分《じぶん》のアレには一体《いったい》どんな効果《こうか》が？」

だけど木島《きじま》くんは何《なに》かをつぶやきながら、部屋《へや》に戻《もど》っていってしまった。

話《はな》しかける隙《すき》もなかった。小日向《こひなた》さんも泣《な》きながら自分《じぶん》の部屋《へや》へと戻《もど》って行《い》き、大広間《おおひろま》には、僕《ぼく》だけが一人残《ひとりのこ》される。

このままここにいてもなんにもならない、か。僕《ぼく》も部屋《へや》に戻《もど》ることにした。

人狼《じんろう》を処刑《しょけい》したのに、なんでゲームは終《お》わってないんだ？

間違《まちが》った選択《せんたく》をしてしまったんだろうか。考《かんが》えなきゃいけない。

そう。生《い》き残《のこ》るためには考《かんが》えるしかないんだ。

僕《ぼく》にできることはもう、それしか……。
……いや違《ちが》う、まだある。僕《ぼく》にしかできないことが、たった一《ひと》つだけ。
せっかく手《て》に入《い》れた狩人《かりうど》の力《ちから》、これをうまく使《つか》わないといけない。
問題《もんだい》は今夜《こんや》、誰《だれ》を守《まも》るかだ。
いろんなことを考《かんが》えていると、強《つよ》い眠気《ねむけ》が襲《おそ》ってきた。
まずい……眠《ねむ》ってしまう前《まえ》に……守《まも》る相手《あいて》を決《き》めないと……。

【木島くんを守る】なら 32 へ進む

【速水さんを守る】なら 44 へ進む

【小日向さんを守る】なら 58 へ進む

28

土屋《つちや》さんは小日向《こひなた》さんを人狼《じんろう》だと占《うらな》った

土屋《つちや》さんは小日向《こひなた》さんを人狼《じんろう》だと占《うらな》った？
本当《ほんとう》にそうだっただろうか？
よく思《おも》い出《だ》してみよう。勘違《かんちが》いしている気《き》がする。

45へ進む

29 速水《はやみ》さんが最後《さいご》に起《お》きてきた

「今朝《けさ》、最後《さいご》に起《お》きてきたのは速水《はやみ》さんだよね。それは速水《はやみ》さんが人狼《じんろう》で、誰《だれ》かを襲《おそ》おうと夜更《よふ》かししてたからじゃないの？　その企《たくら》みは僕《ぼく》の狩人《かりうど》の力《ちから》で防《ふせ》いだけどね」

速水《はやみ》さんは、信《しん》じられないといった表情《ひょうじょう》で僕《ぼく》を見《み》た。そして続《つづ》けてこう言《い》った。

「それだと2日目《かめ》と3日目《かめ》、最後《さいご》に起《お》きてきた月形《つきがた》くんが一番怪《いちばんあや》しいことになる。本気《ほんき》で言《い》ってる？」

し、しまった。自分《じぶん》がいつ起《お》きてきたかってことをすっかり忘《わす》れてた。

焦《あせ》った僕《ぼく》の顔《かお》を見《み》て、速水《はやみ》さんは心《こころ》の底《そこ》から呆《あき》れたようだった。

「月形《つきがた》くんは墓穴《ぼけつ》を掘《ほ》ったみたい。もういい、さっさと投票《とうひょう》に移《うつ》りたいと思《おも》う」

そう言《い》った速水《はやみ》さんに反対《はんたい》する声《こえ》はあがらなかった。

僕《ぼく》の印象《いんしょう》は最悪《さいあく》で、みんなが僕《ぼく》に投票《とうひょう》した。

そして僕《ぼく》は、いくつもの手《て》につかまれて、影《かげ》の中《なか》に引《ひ》きずり込《こ》まれていく……。

BAD END

30 図書室《としょしつ》で探《さが》し物《もの》

図書室《としょしつ》の壁《かべ》に隙間《すきま》なく並《なら》んだ本棚《ほんだな》は、何度《なんど》見《み》ても圧倒《あっとう》されそうになる。僕《ぼく》の好《す》きな漫画《まんが》もあれば、歴史《れきし》関連《かんれん》のものや科学書《かがくしょ》、英語《えいご》で書《か》かれた新聞《しんぶん》なども取《と》り揃《そろ》えられている。

目移《めうつ》りするし、目的《もくてき》のものを探《さが》すのも苦労《くろう》するけど、入《い》り口《ぐち》にある案内板《あんないばん》を見《み》て僕《ぼく》は〝あの本《ほん》〟を求《もと》めて移動《いどう》した。

【漫画コーナーに向かう】なら 56 へ進む

【ゲームジャンルの本棚に向かう】なら 42 へ進む

31 室内庭園《しつないていえん》

火夏《ほのか》ちゃんが扉《とびら》を開《あ》けると、土《つち》と草《くさ》の匂《にお》いがむわっと押《お》し寄《よ》せてきた。

まさか、外《そと》に出《で》られた⁉

と思《おも》ったけど、どうやら違《ちが》ったみたいだ。

部屋《へや》の中《なか》は、たくさんの植物《しょくぶつ》に覆《おお》われていた。床《ゆか》を見《み》ると、通路《つうろ》はあるものの、それ以外《いがい》の場所《ばしょ》には土《つち》がたっぷりと敷《し》き詰《つ》められている。

まるでジャングルに迷《まよ》い込《こ》んだみたいだ。部屋《へや》の温度《おんど》も高《たか》めに設定《せってい》されているみたいで、だいぶ暖《あたた》かい。

ここが室内庭園《しつないていえん》……ってことでいいのかな。

「うわー、すっごー！」

部屋《へや》の様子《ようす》に圧倒《あっとう》されていると、奥《おく》のほうから土屋《つちや》さんの声《こえ》が聞《き》こえてきた。

「土屋《つちや》さん、どうしたの？」

地面《じめん》に座《すわ》り込《こ》んでいた土屋《つちや》さんに、火夏《ほのか》ちゃんが声《こえ》をかける。

「これこれ！　カッコいいでしょー！」

振《ふ》り返《かえ》った土屋《つちや》さんが伸《の》ばした手《て》には、手《て》のひらサイズの大《おお》きなクワガタムシが握《にぎ》られていた。

「ひゃあああ！」

さすがの火夏《ほのか》ちゃんでも、急《きゅう》に目《め》の前《まえ》に大《おお》きな虫《むし》を差《さ》し出《だ》されたらびっくりするみたいだ。

いや、まあ、僕《ぼく》も同《おな》じリアクションするだろうけど。

「これねー、ギラファノコギリクワガタって言《い》って、日本《にほん》には生息《せいそく》してないんだよー！　ここで飼《か》ってるのかなー？」

「そ、そうなんだ……ところで、何《なに》か脱出《だっしゅつ》に役立《やくだ》ちそうなモノとかあった？」

火夏《ほのか》ちゃんが気《き》を取《と》り直《なお》して土屋《つちや》さんに質問《しつもん》した。

「んー、特《とく》になかったかなー。あ、あっちにラフレシアもあったよ！　見《み》る？」

ラフレシアっていうのは、確《たし》か世界一大《せかいいちおお》きい花《はな》だ。毒々《どくどく》しい赤《あか》い色《いろ》をしてて、めちゃくちゃ臭《くさ》いのが特徴《とくちょう》だったはず。

そんなものまであるのか、ここには。でも、それが脱出《だっしゅつ》に関係《かんけい》するとも思《おも》えない。

僕《ぼく》と火夏《ほのか》ちゃんは土屋《つちや》さんの提案《ていあん》をやんわりと断《ことわ》って、相談《そうだん》する。

「ねえ、シロ、ここ掘《ほ》ったらどこかに出《で》られると思《おも》う？」

「ここって、この土《つち》のこと？　どうだろう……すぐ底《そこ》が見《み》えてくるんじゃないかなあ……？」

「やるだけやってみよっか」

「でもどうやって掘《ほ》るの？　さすがに手《て》で掘《ほ》るのは大変《たいへん》だと思《おも》うけど」

「これだけの植物《しょくぶつ》があるなら、手《て》入《い》れのための道具《どうぐ》とかあるんじゃない？　スコップとかさ」

火夏《ほのか》ちゃんと手《て》分《わ》けして部屋《へや》の中《なか》を探《さが》してみたけど、スコップはおろか、植物《しょくぶつ》に水《みず》をあげるためのホースやジョウロすらなかった。

この部屋《へや》の植物《しょくぶつ》、どうやって手《て》入《い》れしてるんだろう？

結局《けっきょく》、脱出《だっしゅつ》につながりそうなものは何《なに》も見《み》つからなかった。

その間《あいだ》も土屋《つちや》さんは見《み》たことない植物《しょくぶつ》や、虫《むし》なんかを見《み》つけてテンションが上《あ》がっていたみたいだ。

……ほかの場所《ばしょ》を探索《たんさく》してみよう。


【シアタールームを探索する】なら 13 へ進む

【図書室を探索する】なら 14 へ進む

【探索を終える】なら 16 へ進む

32 木《き》島《じま》くんを守《まも》る

小日向《こひなた》さんは占《うらな》い師《し》のはずだ。占《うらな》い師《し》は人狼《じんろう》を探《さが》し出《だ》せる唯一《ゆいいつ》の役職《やくしょく》だから、普通《ふつう》に考《かんが》えると小日向《こひなた》さんを守《まも》るのが正解《せいかい》かもしれない。

でも、今《いま》の状況《じょうきょう》では小日向《こひなた》さんは「占《うらな》い師《し》をかたる人狼《じんろう》」だと思《おも》われている。少《すく》なくとも、速水《はやみ》さんはそう考《かんが》えている。

それなら、このタイミングで小日向《こひなた》さんが人狼《じんろう》に殺《ころ》される確率《かくりつ》は低《ひく》いはずだ。

なぜなら明日《あした》の議論《ぎろん》で、小日向《こひなた》さんが処刑対象《しょけいたいしょう》として選《えら》ばれる可能性《かのうせい》が高《たか》い。

人狼《じんろう》の考《かんが》えとしては、こうなるはずだ。

今夜《こんや》のうちに誰《だれ》か一人《ひとり》を襲撃《しゅうげき》して殺《ころ》す。

そして人狼《じんろう》だと疑《うたが》われている小日向《こひなた》さんが生存《せいぞん》していれば、明日《あした》は小日向《こひなた》さんが処刑《しょけい》されるはず。人狼《じんろう》がそう誘導《ゆうどう》すれば難《むずか》しくないだろう。

そうすれば人狼《じんろう》に対《たい》して、残《のこ》る人間《にんげん》は一人《ひとり》。人狼《じんろう》の勝利《しょうり》が確定《かくてい》する。

つまり人狼《じんろう》としては、明日処刑《あしたしょけい》される可能性《かのうせい》が高《たか》い人物《じんぶつ》を、わざわざ夜《よる》のうちに襲撃《しゅうげき》して殺《ころ》す必要《ひつよう》がないんだ。

そうなると、僕《ぼく》は小日向《こひなた》さん以外《いがい》の誰《だれ》かを守《まも》ったほうがいい。小日向《こひなた》さんが襲撃《しゅうげき》される可能性《かのうせい》もゼロではないけど、かなり低《ひく》いはずだから……。

そういえば、部屋《へや》に戻《もど》るときに木島《きじま》くんがつぶやいていた「自分《じぶん》のアレ」という言葉《ことば》が気《き》になる。

もしかしたら木島《きじま》くんは〝聖杯《せいはい》〟のコインをすでに手《て》に入《い》れていたんじゃないか？

でも聖杯《せいはい》の使《つか》い方《かた》がわからないから、悩《なや》んでいた……？

もし聖杯《せいはい》のコインを手《て》に入《い》れているとすれば、木島《きじま》くんは人間《にんげん》だということが確定《かくてい》できる。

よし、今夜《こんや》は木島《きじま》くんを守《まも》るぞ。僕《ぼく》はそう決意《けつい》して、眠《ねむ》りに落《お》ちていった。

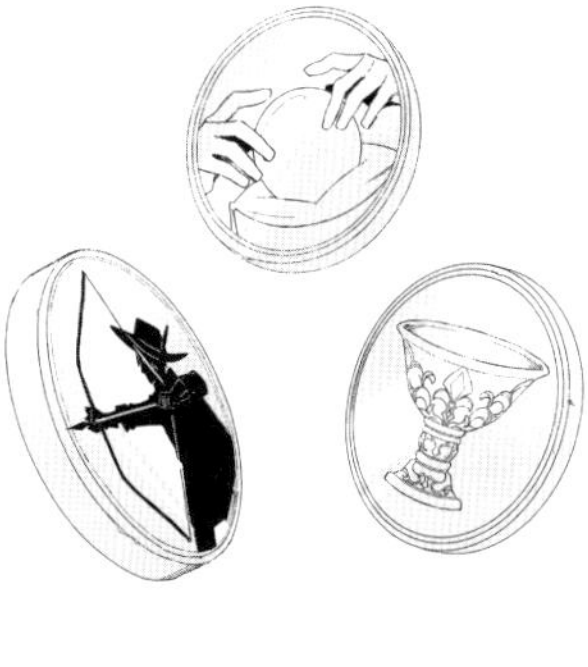

53へ進む

33 小日向《こひなた》さんを選《えら》ぶ

僕《ぼく》は小日向《こひなた》さんを選《えら》ぶことに決《き》めて、議論《ぎろん》に臨《のぞ》んだ。

けど、結果《けっか》として僕《ぼく》が処刑《しょけい》されることになってしまった。

「どうして……？」

僕《ぼく》はわけがわからないまま、自分《じぶん》の身体《からだ》が黒《くろ》い影《かげ》に飲《の》み込《こ》まれていくのを感《かん》じた。

BAD END

34 ルールに隠《かく》されている真実《しんじつ》

と、そこで僕《ぼく》はふと、あることに気付《きづ》いた。

そもそも、どうして人狼《じんろう》が一人《ひとり》じゃなきゃいけないんだ？

……待《ま》てよ。死神《しにがみ》が提示《ていじ》したルールにはなんて書《か》いてあった？

◀思い出せない場合は、7を確認し41へ進む

◀【ルールを思い出した】なら41へ進む

35 不安《ふあん》にかられて目覚《めざ》めた朝《あさ》

目《め》を覚《さ》ますと、朝《あさ》を迎《むか》えていた。まずはほっとする。無事《ぶじ》に生《い》き残《のこ》ることができたみたいだ。

でも昨晩《さくばん》は今《いま》までと違《ちが》って、狩人《かりうど》の力《ちから》を使《つか》わないといけなかったけど、上手《うま》くいったんだろうか？　全然実感《ぜんぜんじっかん》はないけど……。

不安《ふあん》な気持《きも》ちを抱《かか》えたまま部屋《へや》を出《で》て、みんなが集《あつ》まってるだろう大広間《おおひろま》へと向《む》かった。

けど、大広間《おおひろま》には誰《だれ》もいなかった。

「朝《あさ》ごはんを食《た》べてるのかな……」

うん、その可能性《かのうせい》は十分《じゅうぶん》にある。

僕《ぼく》は食堂《しょくどう》へ行《い》くことにした。

36へ進む

36 狩人《かりうど》の力《ちから》で彼女《かのじょ》は守《まも》れた？

食堂《しょくどう》にも誰《だれ》もいなかった。シーンとした食堂《しょくどう》の中《なか》で、時計《とけい》の針《はり》の音《おと》がやけに大《おお》きく響《ひび》いている。

ぐう、とお腹《なか》が鳴《な》った。ほかの人《ひと》が心配《しんぱい》だけど、まずは何《なに》か食《た》べよう。

いつも料理《りょうり》を作《つく》ってくれる小日向《こひなた》さんはいないけど、パンなどの軽食《けいしょく》なら僕《ぼく》でも用意《ようい》できる。

焼《や》いたパンと牛乳《ぎゅうにゅう》を持《も》って、初日《しょにち》に座《すわ》った場所《ばしょ》と同《おな》じところに腰《こし》を下《お》ろした。大広間《おおひろま》と同《おな》じで、なんだかここが指定席《していせき》のようになっている。

食堂《しょくどう》の８脚《きゃく》の椅子《いす》もそのままで、僕《ぼく》は誰《だれ》も座《すわ》っていない隣《となり》の席《せき》を眺《なが》めた。

「……火夏《ほのか》ちゃん」

もし、１日早《にちはや》く狩人《かりうど》の力《ちから》を手《て》に入《い》れていたら、火夏《ほのか》ちゃんを守《まも》れたんだろうか。考《かんが》えたってしょうがないことだけど、どうしてもそう思《おも》ってしまう。

感傷《かんしょう》にふけっていると、ドアが開《ひら》く音《おと》がした。

「お、おはようございます。月形《つきがた》さん」

食堂《しょくどう》に入《はい》ってきたのは、小日向《こひなた》さんだ。

「おはよう、小日向《こひなた》さん」

「す、すみません。朝食《ちょうしょく》を用意《ようい》しなくてはいけなかったのに、寝坊《ねぼう》してしまいました」

「気《き》にしなくてもいいよ。小日向《こひなた》さんがやらなくちゃいけない仕事《しごと》ってわけでもないしね。僕《ぼく》こそ、いつも任《まか》せっぱなしでごめんね。本当《ほんとう》にありがとう」

僕《ぼく》が笑《わら》って頭《あたま》を下《さ》げると、小日向《こひなた》さんは「いえ、そんな」とほっとしたような息《いき》をついた。

続《つづ》けて食堂《しょくどう》に入《はい》ってきたのは、速水《はやみ》さんだ。

「おはよう。二人《ふたり》だけ？」

「うん。……待《ま》って。速水《はやみ》さんが来《き》たってことは」

昨日《きのう》、僕《ぼく》は木島《きじま》くんに狩人《かりうど》の力《ちから》を使《つか》っていない。

それなら、まさか……。

「木島《きじま》くんの部屋《へや》に行《い》こう！」

僕《ぼく》が立《た》ち上《あ》がると、速水《はやみ》さんも、小日向《こひなた》さんもうなずいた。

僕《ぼく》たち三人《さんにん》は急《いそ》いで食堂《しょくどう》を出《で》ると、木島《きじま》くんの部屋《へや》へと向《む》かう。

37へ進む

37 木島《きじま》くんの様子《ようす》は？

「木島《きじま》くん⁉　起《お》きてる⁉　大丈夫《だいじょうぶ》⁉」

僕《ぼく》は呼《よ》びかけながら、木島《きじま》くんの部屋《へや》を何度《なんど》もノックする。返事《へんじ》はない。ドアを開《ひら》くのが怖《こわ》かったけど、小日向《こひなた》さんや速水《はやみ》さんに任《まか》せるわけにはいかなかった。

おそるおそる、ドアを少《すこ》しだけ開《ひら》くと、大広間《おおひろま》より明《あか》るい光《ひかり》がもれてきた。電気《でんき》がつけっぱなしだ。でも、だからといって木島《きじま》くんが起《お》きているとは限《かぎ》らない。強烈《きょうれつ》な眠気《ねむけ》に襲《おそ》われて、電気《でんき》をつけたまま眠《ねむ》ることが僕《ぼく》にもあったから。

ドアを半分以上開《はんぶんいじょうひら》くと、隙間《すきま》から赤《あか》い色《いろ》が目《め》に飛《と》び込《こ》んできた。

深呼吸《しんこきゅう》して、僕《ぼく》は、思《おも》い切《き》って中《なか》を覗《のぞ》きこむ。

ああ……。赤黒《あかぐろ》く染《そ》まった人影《ひとかげ》が、ベッドの上《うえ》に横《よこ》たわっている。

「木島《きじま》くん……」

やっぱり、人狼《じんろう》に襲《おそ》われたのは木島《きじま》くんだったんだ。つまり、木島《きじま》くんは人狼《じんろう》じゃなかった。

火夏《ほのか》ちゃんのような犠牲者《ぎせいしゃ》を、もう出《だ》したくはなかったのに……。

部屋《へや》の中《なか》に入《はい》ることはできなかった。そのままドアを閉《と》じて、木島《きじま》くんの部屋《へや》の前《まえ》に立《た》ち尽《つ》くす。僕《ぼく》の反応《はんのう》と、漂《ただよ》ってきた異臭《いしゅう》で、部屋《へや》の中《なか》を見《み》なくても小日向《こひなた》さんと速水《はやみ》さんは状況《じょうきょう》を飲《の》み込《こ》めたみたいだ。

二人《ふたり》とも無言《むごん》だった。

いつまでもドアの前《まえ》に立《た》っているわけにもいかない。僕《ぼく》はなんとか大広間《おおひろま》の円形《えんけい》テーブルの席《せき》にたどりついて、腰《こし》を下《お》ろした。

テーブルにひじを突《つ》いて、頭《あたま》を抱《かか》える。

昨日《きのう》、小日向《こひなた》さんが木島《きじま》くんを占《うらな》うと言《い》ってたけど、聞《き》かなくてもわかる結果《けっか》になってしまった。でもまだ、ゲームは終《お》わらない。人狼《じんろう》との決着《けっちゃく》はついてないんだから。

僕《ぼく》が人間《にんげん》だということは、僕自身《ぼくじしん》がよくわかっている。だから小日向《こひなた》さんか速水《はやみ》さんのどちらかが、人狼《じんろう》だということだ。

小日向《こひなた》さんが占《うらな》い師《し》と偽《いつわ》って木島《きじま》くんを殺《ころ》したのか、それとも速水《はやみ》さんが人狼《じんろう》なのか……。

頭《あたま》を抱《かか》えたまま、速水《はやみ》さんと小日向《こひなた》さんの二人《ふたり》を見《み》た。小日向《こひなた》さんは唇《くちびる》を噛《か》みしめたまま俯《うつむ》いて、速水《はやみ》さんは図書室《としょしつ》から借《か》りてきたと思《おも》われる本《ほん》を読《よ》んでいたけど、ページをめくる手《て》が震《ふる》えていた。

どちらも演技《えんぎ》しているように見《み》えるし、本気《ほんき》で動揺《どうよう》しているようにも見《み》える。

きっと二人《ふたり》から見《み》た僕《ぼく》もそうなんだろう。

もう嫌《いや》だ。いつまでこんなことを続《つづ》けなきゃいけないんだ。

これ以上誰《いじょうだれ》も死《し》なせたくないし、誰《だれ》も疑《うたが》いたくない。

どうしてこんなことになったんだ。ほんの数日前《すうじつまえ》まで、平和《へいわ》な1日《にち》を過《す》ごしていたはずだったのに。

みんな、みんな、どんどん死《し》んでいく。

僕《ぼく》は……。

38へ進む

38 木島《きじま》くんを守《まも》れなかった……

大広間《おおひろま》にいることにいたたまれなくなって、僕《ぼく》は個室《こしつ》へと戻《もど》った。

木島《きじま》くんの命《いのち》を守《まも》ることができなかった。木島《きじま》くんの亡骸《なきがら》を見《み》たときにも後悔《こうかい》したけど、時間《じかん》がたつにつれてそれはどんどん大《おお》きくなっていった。

本当《ほんとう》なら議論《ぎろん》の時間《じかん》までに少《すこ》しでも〝人狼《じんろう》〟の正体《しょうたい》を見極《みきわ》めるための証拠《しょうこ》を集《あつ》めなきゃいけないのに、個室《こしつ》から出《で》ようとすら思《おも》えなかった。

じっとしていたところで、どうにかなるわけじゃない。わかってるけど、力《ちから》が抜《ぬ》けて立《た》ち上《あ》がれない。

火夏《ほのか》ちゃんの為《ため》にも頑張《がんば》ろうと思《おも》ったのに、情《なさ》けないよ。

分《わ》かっているのに、僕《ぼく》は、議論《ぎろん》の開始時間《かいしじかん》まで動《うご》くことができなかった。

「ごめん、木島《きじま》くん……」

同《おな》じ言葉《ことば》を、何度《なんど》も繰《く》り返《かえ》す。

そうすることで、うずく心《こころ》の傷《きず》が、少《すこ》しでも治《なお》るんじゃないかと思《おも》って。

39 へ進む

39 残《のこ》った三人《さんにん》で議論《ぎろん》が始《はじ》まる

大広間《おおひろま》の時計《とけい》が8時《じ》を示《しめ》すと、モニターに死神《しにがみ》の姿《すがた》が現《あらわ》れた。

「それでは諸君《しょくん》、議論開始《ぎろんかいし》の時間《じかん》だ。思《おも》い残《のこ》すことのないよう、存分《ぞんぶん》に話《はな》し合《あ》ってくれたまえ。

クックック……」

モニターから死神《しにがみ》の姿《すがた》が消《き》えたのをきっかけに、速水《はやみ》さんが声《こえ》をあげる。

「ワタシは昨日宣言《きのうせんげん》したとおり、小日向《こひなた》さんに票《ひょう》を入《い》れる。月形《つきがた》くんもそれでいい？」

「ち、違《ちが》います。わたくしは人狼《じんろう》ではありません……。占《うらな》い師《し》です。昨日《きのう》は約束《やくそく》どおり木島《きじま》さんを占《うらな》って、人間《にんげん》だってわかってたんです……」

小日向《こひなた》さんが消《き》え入《い》るような声《こえ》で、それでも懸命《けんめい》に主張《しゅちょう》した。

「そんなこと今《いま》となっては誰《だれ》だって言《い》える。ワタシにだって木島《きじま》くんが人間《にんげん》だったってわかる。月形《つきがた》くんにだってわかる」

「わ、わたくしが疑《うたが》われる理由《りゆう》もわかります。土屋《つちや》さん以外《いがい》に人狼《じんろう》がいるなんて、わ、わからなかったから……」

「それこそ、小日向《こひなた》さんが嘘《うそ》をついているだけ。そうしなければ小日向《こひなた》さんが投票《とうひょう》されるって決《き》まってしまうから」

「う、嘘《うそ》じゃありません……！　土屋《つちや》さんは人狼《じんろう》でした。でもゲームは終《お》わりませんでした。ですから、人狼《じんろう》はもう一人《ひとり》いるんです……」

「じゃあ、その人狼《じんろう》は誰《だれ》？　ワタシ？　それとも月形《つきがた》くん？　占《うらな》い師《し》なんだったらそれがわかるはず」

「そ、それは……、わかりません。き、昨日《きのう》は木島《きじま》さんを占《うらな》ったので、二人《ふたり》のどちらが人狼《じんろう》なのかわかるはずがありません」

「……速水《はやみ》さん、少《すこ》し落《お》ち着《つ》こう」

僕《ぼく》は速水《はやみ》さんを制止《せいし》した。今《いま》の速水《はやみ》さんの小日向《こひなた》さんへの問《と》い詰《つ》め方《かた》は感情的《かんじょうてき》になりすぎている気《き》がしたからだ。

もし小日向《こひなた》さんが本当《ほんとう》に木島《きじま》くんを占《うらな》ったのなら、確《たし》かに僕《ぼく》や速水《はやみ》さんのどっちが人狼《じんろう》なのか判断《はんだん》できるわけがない。それが嘘《うそ》かどうか、判断《はんだん》する方法《ほうほう》は僕《ぼく》にも速水《はやみ》さんにもない。

「月形《つきがた》くんは小日向《こひなた》さんの味方《みかた》？」

速水《はやみ》さんが、圧《あつ》をこめた口調《くちょう》で言《い》ってきた。

速水《はやみ》さんは、小日向《こひなた》さんが人狼《じんろう》で間違《まちが》いないと思《おも》ってるみたいだ。つまり僕《ぼく》は人間《にんげん》だと判断《はんだん》しているということ。それは、当《あ》たってる。

でも、占《うらな》い師《し》でもない速水《はやみ》さんが、どうしてそこまで僕《ぼく》を信用《しんよう》してるんだろう？　同《おな》じ立《たち》場《ば》なら、僕《ぼく》にはできない。小日向《こひなた》さんも、速水《はやみ》さんも、どちらも疑《うたが》わしいと思《おも》える部分《ぶぶん》はある。

小日向《こひなた》さんは土屋《つちや》さんを人狼《じんろう》だと指摘《してき》した。ゲームが終《お》わらなかったあと、もう一人《ひとり》、人狼《じんろう》が残《のこ》っていると言《い》い出《だ》した。それが１００パーセント信用《しんよう》できるかと言《い》われればできないし、逆《ぎゃく》に嘘《うそ》だと言《い》い切《き》ることもできない。

木島《きじま》くんを占《うらな》ったのと同《おな》じで、僕《ぼく》たちにはわからないんだ。

そして、小日向《こひなた》さんを占《うらな》い師《し》か人狼《じんろう》か判断《はんだん》できない時点《じてん》で、速水《はやみ》さんも信頼《しんらい》することができない。

それは速水《はやみ》さんだって同《おな》じはずだけど、なぜか小日向《こひなた》さんを人狼《じんろう》だと決《き》め付《つ》けて、僕《ぼく》を味方《みかた》につけようとしてるみたいだ。

小日向《こひなた》さんは自分《じぶん》が人狼《じんろう》であることを否定《ひてい》してるけど、僕《ぼく》や速水《はやみ》さんのどっちかを人狼《じんろう》だと決《き》め付《つ》けるような発言《はつげん》はしていない。僕《ぼく》と同《おな》じで判断《はんだん》できないんだろう。本当《ほんとう》なら、こっちが自然《しぜん》な反応《はんのう》のはずだ。

「僕《ぼく》は自分自身《じぶんじしん》が人狼《じんろう》じゃないことがわかってるけど、速水《はやみ》さんはどうして僕《ぼく》が人間《にんげん》だとわかるの？」

「小日向《こひなた》さんは占《うらな》い師《し》をかたる人狼《じんろう》。消去法《しょうきょほう》で月形《つきがた》くんは人間《にんげん》」

……ううん。思《おも》い込《こ》みと言《い》ってしまえばそれまでだけど、そのいさぎよい決断《けつだん》力《りょく》には、少《すこ》し感心《かんしん》してしまう。

そうして誰《だれ》が人狼《じんろう》かわからないまま、議論《ぎろん》の終了時間《しゅうりょうじかん》が迫《せま》りつつあった。

速水《はやみ》さんは小日向《こひなた》さんに投票《とうひょう》するだろうし、小日向《こひなた》さんは自分《じぶん》に投票《とうひょう》することがわかっている速水《はやみ》さんに１票《ぴょう》入《い》れるだろう。

つまり、僕《ぼく》の１票《ぴょう》でどちらかを処刑《しょけい》することが決《き》まるってことだ。

どっちが人狼《じんろう》なんだろうか……。

【速水さんに投票する】なら 46 へ進む

【小日向さんに投票する】なら 51 へ進む

40 証拠《しょうこ》がない

……あれ？

僕《ぼく》はそこでふと冷静《れいせい》になって、自分《じぶん》が手痛《ていた》い失敗《しっぱい》をしていることに気《き》がついた。

速水《はやみ》さんがルールを勘違《かんちが》いしてただけって言《い》うなら、これ以上《いじょう》指摘《してき》しても意味《いみ》がない。

変《へん》だな。人狼《じんろう》が不利《ふり》になる嘘《うそ》を見《み》つけたと思《おも》ったのに。

もし速水《はやみ》さんの言葉《ことば》が嘘《うそ》だっていうなら、証拠《しょうこ》になるようなものがなくちゃいけない。

なにか、行動《こうどう》を間違《まちが》えてしまったみたいだ。

「……しまった。ここまでなのか」

「やっぱり、月形《つきがた》くんが人狼《じんろう》で間違《まちが》いない」

勝利《しょうり》を確信《かくしん》したみたいな顔《かお》で速水《はやみ》さんが余裕《よゆう》を取《と》り戻《もど》した。

結局《けっきょく》、そのまま議論《ぎろん》は終《お》わり、三人《さんにん》は投票先《とうひょうさき》に僕《ぼく》を選《えら》んだ。

あと一歩《いっぽ》だったはずなのに……。

僕《ぼく》は黒《くろ》い影《かげ》に飲《の》み込《こ》まれながら、自分《じぶん》のミスをなげいた。

BAD END

41 死神《しにがみ》が明言《めいげん》していないこと

そうだ、死神《しにがみ》の提示《ていじ》したルールでは、〝誰《だれ》か〟が人狼《じんろう》と入《い》れ替《か》わっているとしか書《か》いてない！

土屋《つちや》さんが人狼《じんろう》なのに、処刑《しょけい》されてもゲームが終《お》わらない。

それは、人狼《じんろう》が二人《ふたり》いたからだ。

そう考《かんが》えると、今《いま》の状況《じょうきょう》も納得《なっとく》がいく。

もし三人《さんにん》以上《いじょう》いるんだとしたら、すでに生《い》き残《のこ》った人達《ひとたち》のうち半数《はんすう》を人狼《じんろう》が占《し》めているから、同《おな》じくゲームは人狼側《じんろうがわ》の勝利《しょうり》で終《お》わっているはずだ。

つまりゲームが続行《ぞっこう》していて、かつ、土屋《つちや》さんがいなくなったなら、残《のこ》る人狼《じんろう》はあと一人《ひとり》。

そして、小日向《こひなた》さんが本物《ほんもの》の占《うらな》い師《し》だとしたら。

僕《ぼく》は狩人《かりうど》で、その力《ちから》を使《つか》って人間《にんげん》の木島《きじま》くんを守《まも》った。

残《のこ》ったのは速水《はやみ》さん……速水《はやみ》さんが人狼《じんろう》なのか？

僕《ぼく》の考《かんが》えが間違《まちが》ってて、人狼《じんろう》がやっぱり一人《ひとり》だっていうなら、小日向《こひなた》さんが疑《うたが》わしい。

小日向《こひなた》さんが占《うらな》い師《し》をかたり、土屋《つちや》さんを人狼《じんろう》に仕立《した》て上《あ》げたことになるからだ。

人狼《じんろう》が二人《ふたり》だとしたなら、速水《はやみ》さんが疑《うたが》わしい。

僕《ぼく》は館《やかた》の中《なか》をひたすら歩《ある》き回《まわ》って考《かんが》えをめぐらせてたけど、決定打《けっていだ》になるものが浮《う》かんでこなかった。議論《ぎろん》の時間《じかん》が迫《せま》ってる。

人狼《じんろう》は一人《ひとり》なのか、二人《ふたり》なのか。答《こた》えは出《で》ない。

でも……そもそも、どうして僕《ぼく》は、人狼《じんろう》が一人《ひとり》だって思《おも》い込《こ》んだんだろう？

僕《ぼく》は自分自身《じぶんじしん》がルールを決《き》め付《つ》けた理由《りゆう》を思《おも》い出《だ》そうとする。

とても重要《じゅうよう》な気《き》がする。

議論《ぎろん》まで時間《じかん》はあまりないけど、焦《あせ》っちゃダメだ。

ひとまず、僕《ぼく》が向《む》かうのは……。

【キッチンに向かう】なら 64 へ進む

【図書室にむかう】なら 30 へ進む

【大広間で考えよう】なら 59 へ進む

42 ゲームジャンルの本棚《ほんだな》で見《み》つけたのは……

一《ひと》つだけ、不安《ふあん》に思《おも》ったことがある。それは僕《ぼく》が探《さが》すその本《ほん》がなくなってないかどうかだ。

僕《ぼく》がもし人狼《じんろう》で、今回《こんかい》のような展開《てんかい》になったなら、その本《ほん》の存在《そんざい》はとても都合《つごう》が悪《わる》い。本《ほん》を処分《しょぶん》したり、隠《かく》したりするだろう。

ただ、この館《やかた》では不思議《ふしぎ》なことが起《お》こる。外部《がいぶ》とつながることはどうやっても無理《むり》だし、毎晩自室《まいばんじしつ》から出《で》られないように急《きゅう》に眠気《ねむけ》が襲《おそ》ってきたりもする。人狼《じんろう》ゲームを進《すす》めていくための邪魔《じゃま》ができないようになってるみたいだ。

もしゲームを知《し》らない人《ひと》ばかりが集《あつ》まったとしたら、絶対《ぜったい》にその本《ほん》は必要《ひつよう》になってくるはずだ。だから人狼《じんろう》ゲームを続《つづ》ける為《ため》に、それがなくなるようなことはないんじゃないか？　と僕《ぼく》は予想《よそう》していた。

死神《しにがみ》の言動《げんどう》から、人狼《じんろう》ゲームを行《おこな》うという点《てん》ではフェアだと感《かん》じてたし……。

……あ、良《よ》かった。ちゃんとあった！

僕《ぼく》は本棚《ほんだな》の中《なか》からその本《ほん》を見《み》つけると、ページをぱらぱらとめくった。

「うん、そうか……やっぱりな」

本《ほん》を閉《と》じて、無人《むじん》のカウンターで貸《か》し出《だ》し登録《とうろく》をする。

カウンターの説明書《せつめいが》きを見《み》ると、これをしないと、警告音《けいこくおん》が鳴《な》る仕組《しく》みのようだ。更《さら》に貸《か》し出《だ》しデータは誰《だれ》でも閲覧《えつらん》できるので、今《いま》、その本《ほん》を持《も》っている人《ひと》が丸《まる》わかりになってしまう。

一応《いちおう》、僕《ぼく》の前《まえ》に誰《だれ》がこの本《ほん》を読《よ》んだのか確認《かくにん》してみる。

……やっぱり、間違《まちが》いないみたいだ。

僕《ぼく》が心配《しんぱい》していた、本《ほん》を隠《かく》したり処分《しょぶん》したりっていうのは、そもそもできないようになってるんだろう。そんな怪《あや》しい真似《まね》をすれば、自分《じぶん》が人狼《じんろう》だって言《い》ってるようなものだ。

登録《とうろく》を済《す》ませた僕《ぼく》は、図書室《としょしつ》を出《で》て議論《ぎろん》に臨《のぞ》むために大広間《おおひろま》に向《む》かった。

★人狼《じんろう》ゲームについて書《か》かれた本《ほん》を手《て》に入《い》れた

59へ進む

43 土屋《つちや》さんは人狼《じんろう》？ 占《うらな》い師《し》？

小日向《こひなた》さんは土屋《つちや》さんを怪《あや》しんでたから、木島《きじま》くんを占《うらな》わなかったって言《い》ってた。そして、土屋《つちや》さんは取《と》り決《き》めどおり、木島《きじま》くんを占《うらな》った。結局《けっきょく》、最初《さいしょ》に名乗《なの》った小日向《こひなた》さんを信《しん》じたわけだけど、人狼《じんろう》ゲームは終《お》わらなかった。つまり、土屋《つちや》さんが占《うらな》い師《し》で小日向《こひなた》さんが人狼《じんろう》だったってことなのか？

「いや、待《ま》てよ」

土屋《つちや》さんが占《うらな》ったのは……。

【小日向さんを人狼だと占った】なら 28 へ進む

【木島くんが人狼だと占った】なら 45 へ進む

44 速水《はやみ》さんを守《まも》る

小日向《こひなた》さんが占《うらな》い師《し》をかたった人狼《じんろう》だった？
速水《はやみ》さんは、そんな小日向《こひなた》さんに対《たい》して「明日《あした》は処刑《しょけい》する」とまで言《い》った。
このまま放《ほう》っておいたら、今夜《こんや》の内《うち》にも人狼《じんろう》に殺《ころ》されてしまうかもしれない。
これ以上《いじょう》、人間《にんげん》を一人《ひとり》も失《うしな》うわけにはいかない。
速水《はやみ》さんを守《まも》るぞ。僕《ぼく》はそう決意《けつい》して、眠《ねむ》りに落《お》ちていった。

35へ進む

45 土屋《つちや》さんの占《うらな》いの結果《けっか》は……

そうだ！　土屋《つちや》さんは木島《きじま》くんを人狼《じんろう》だと占《うらな》っていた。でもそれは違《ちが》う。木《き》島《じま》くんは人間《にんげん》だと、狩人《かりうど》の力《ちから》で木島《きじま》くんを守《まも》った僕《ぼく》にはわかってるからだ。

となると、この時点《じてん》で判明《はんめい》してるのは、土屋《つちや》さんが〝真実《しんじつ》〟を語《かた》っていなかったってことだ。どうしてそんな嘘《うそ》をついたのか？

自分《じぶん》が処刑《しょけい》されるのを避《さ》けるために、木島《きじま》くんに矛先《ほこさき》を向《む》けた、とか？

元《もと》は木島《きじま》くんを占《うらな》う予定《よてい》だったわけだし、このままだと自分《じぶん》が殺《ころ》されてしまうとなれば、そういうこともありえるのかもしれないけど……。

あるいは……土屋《つちや》さんが、人狼《じんろう》だったから？

でも、もしそうなら、どうしてゲームは終《お》わらないんだろう？

土屋《つちや》さんが人狼《じんろう》だった可能性《かのうせい》は高《たか》い。にもかかわらず、処刑《しょけい》されたのにゲームが続行《ぞっこう》してるという矛盾《むじゅん》。これにどう説明《せつめい》をつけるべきか。

僕《ぼく》は、どっちを選《えら》ぶべきなのか……。

【やっぱり小日向さんが人狼だ】なら 33 へ進む

【土屋さん以外にも人狼がいる】なら 34 へ進む

46 僕《ぼく》の投票先《とうひょうさき》は速水《はやみ》さん

議論《ぎろん》の時間《じかん》が終《お》わり、僕《ぼく》は小日向《こひなた》さんを信《しん》じて、速水《はやみ》さんに投票《とうひょう》することにした。

昨日《きのう》、僕《ぼく》は木島《きじま》くんを狩人《かりうど》の力《ちから》で守《まも》らなかった。そのせいで、木島《きじま》くんは人狼《じんろう》に殺《ころ》されてしまった。もし木島《きじま》くんを守《まも》っていれば……。

どれだけ後悔《こうかい》しても、意味《いみ》はない。今《いま》ここにあるのは、木島《きじま》くんが人狼《じんろう》に殺《ころ》されたという事実《じじつ》と、目《め》の前《まえ》の二人《ふたり》の内《うち》、どっちかが人狼《じんろう》だという事実《じじつ》だけだ。

そして僕《ぼく》は――速水《はやみ》さんに投票《とうひょう》することを選択《せんたく》した。

小日向《こひなた》さんが怪《あや》しいと思《おも》える部分《ぶぶん》があれば、もちろんそれを考《かんが》えて選択《せんたく》を変《か》えたかもしれない。でも、僕《ぼく》の見《み》た限《かぎ》り、小日向《こひなた》さんに怪《あや》しいところはなかった。

どちらかというと……小日向《こひなた》さんを人狼《じんろう》だと決《き》め付《つ》ける速水《はやみ》さんこそ怪《あや》しいと思《おも》えた。

僕《ぼく》が予想《よそう》したとおり、小日向《こひなた》さんと速水《はやみ》さんは、それぞれお互《たが》いがお互《たが》いに投票《とうひょう》した。

つまり速水《はやみ》さんに対《たい》して二《ふた》つの手《て》があがることになり、処刑《しょけい》される人《ひと》が決《き》まった。

47 へ進む

47 速水《はやみ》さんは僕《ぼく》に呆《あき》れている

速水《はやみ》さんは投票結果《とうひょうけっか》のあと、すべてを受《う》け入《い》れたかのように大人《おとな》しくなった。

それまで激《はげ》しく小日向《こひなた》さんを責《せ》め立《た》てていた様子《ようす》と差《さ》があり過《す》ぎて、不安《ふあん》になる。

本当《ほんとう》に、速水《はやみ》さんは人狼《じんろう》なんだろうか？　もし違《ちが》ってたら、人間側《にんげんがわ》の敗北《はいぼく》が確定《かくてい》する。そもそも人間側《にんげんがわ》が勝《か》ったところで、僕《ぼく》たちが元《もと》の世界《せかい》に帰《かえ》ることができるかは、わからないんだけど。

ゲームが終《お》わるまでは、ただひたすら終着点《しゅうちゃくてん》を目指《めざ》してただけだった。

でもいざ終《お》わるとなると、その先《さき》の未来《みらい》に対《たい》して恐怖《きょうふ》が湧《わ》きあがってくる。

僕《ぼく》の選択《せんたく》した結果《けっか》が出《で》るっていうのは、僕以外《ぼくいがい》のもう一人《ひとり》の人間《にんげん》の命《いのち》もかかっているってことだ。責任感《せきにんかん》に押《お》しつぶされそうで息苦《いきぐる》しかった。

これまでと同《おな》じように、黒《くろ》い水《みず》たまりのような影《かげ》が、速水《はやみ》さんの足元《あしもと》に広《ひろ》がっていく。影《かげ》から伸《の》びた手《て》につかまれて、しだいに、速水《はやみ》さんの身体《からだ》が影《かげ》の中《なか》に沈《しず》んでいく。

その状況《じょうきょう》に抗《あらが》うことはなく、速水《はやみ》さんはじっと僕《ぼく》のほうを見《み》つめてきた。

「失望《しつぼう》した」

溜《た》め息《いき》と共《とも》に、つぶやかれる言葉《ことば》。僕《ぼく》は何《なに》か答《こた》えなくちゃと思《おも》ったけど、声《こえ》が出《で》なかった。

何《なに》を口《くち》に出《だ》しても、速水《はやみ》さんをさらに失望《しつぼう》させるような気《き》がしたから。

「な、何《なに》に失望《しつぼう》したんですか？」

僕《ぼく》の代《か》わりに小日向《こひなた》さんがたずねた。

「月形《つきがた》くん、アナタがワタシを選《えら》んだ理由《りゆう》は何《なに》？　ワタシが人狼《じんろう》だと思《おも》ったから？」

「……そうだよ」

「いいえ、違《ちが》う。アナタは決《き》められなかっただけ。ワタシを選《えら》んだのは、たまたまワタシの方《ほう》が選《えら》びやすかったから。それだけ」

胸《むね》がズキンと痛《いた》んだ。

何《なに》も反論《はんろん》することができず、僕《ぼく》は黙《だま》り込《こ》むしかなかった。

――でも、違《ちが》うんだ、速水《はやみ》さん。

君《きみ》のほうが選《えら》びやすかった、なんてことはない。

本当《ほんとう》は、二人《ふたり》のどっちも選《えら》びたくなかったんだ。金山《かなやま》くんが処刑《しょけい》されてつらかったはずなのに、火夏《ほのか》ちゃんのことで落《お》ち込《こ》んでた僕《ぼく》を奮《ふる》い立《た》たせてくれたのは、速水《はやみ》さんだ。そのことには、今《いま》でも感謝《かんしゃ》してる。

できるなら、誰《だれ》も選《えら》びたくなんてない。でも、木島《きじま》くんは人狼《じんろう》に殺《ころ》されたのだから、人間《にんげん》だった。

つまり、木島《きじま》くんを人狼《じんろう》だと言《い》った土屋《つちや》さんは嘘《うそ》をついてたことになる。そうなると小日向《こひなた》さんこそが本当《ほんとう》の占《うらな》い師《し》で……消去法《しょうきょほう》で速水《はやみ》さんが人狼《じんろう》になる。

「……もういい、月形《つきがた》くんのその態度《たいど》で全部理解《ぜんぶりかい》した」

速水《はやみ》さんは僕《ぼく》にそう言《い》い、最後《さいご》に小日向《こひなた》さんと視線《しせん》を交《か》わし合《あ》う。

まるで、自分《じぶん》の気持《きも》ちを無言《むごん》で伝《つた》えるみたいに。

そして——。

速水《はやみ》さんは、怖《こわ》がる様子《ようす》もなく、直立《ちょくりつ》したまま影《かげ》に飲《の》み込《こ》まれていった。

48へ進む

48 人狼《じんろう》ゲームの結果《けっか》の行方《ゆくえ》は？

速水《はやみ》さんが影《かげ》に飲《の》み込《こ》まれたあと、僕《ぼく》と小日向《こひなた》さんは一言《ひとこと》も喋《しゃべ》ることができなかった。

ルールに従《したが》うなら、このあとは、自室《じしつ》に戻《もど》るべきだ。

でも、足取《あしど》りが重《おも》く、僕《ぼく》はその場《ば》にずっと立《た》ち尽《つ》くしていた。

三人《さんにん》の同級生《どうきゅうせい》を処刑《しょけい》した大広間《おおひろま》から、どうしても離《はな》れることができない。

自室《じしつ》に戻《もど》って結果《けっか》を待《ま》つのは、金山《かなやま》くん、土屋《つちや》さん、速水《はやみ》さんとの縁《えん》が完全《かんぜん》に切《き》れてしまうような気《き》がしたからだ。

自分《じぶん》たちが投票《とうひょう》した結果《けっか》だと言《い》われれば、何《なに》も言《い》い返《かえ》せはしないのに。

「とうとう、４日《か》にわたって繰《く》り広《ひろ》げられた人狼《じんろう》ゲームの結果《けっか》が出《で》たようだ。クックックック……」

モニターに、死神《しにがみ》の姿《すがた》が映《うつ》し出《だ》された。

「果《は》たして勝利《しょうり》したのは人間側《にんげんがわ》なのか、それとも人狼側《じんろうがわ》なのか？　このまま結果《けっか》だけを伝《つた》えるのは芸《げい》がないな。……ではこうしよう」

そこで死神《しにがみ》がモニターから消《き》えて、アナウンスが途絶《とだ》えると、僕《ぼく》は急《きゅう》に睡魔《すいま》に襲《おそ》われた。立《た》ってられなくなって、膝《ひざ》をつき、四《よ》つんばいになる。

小日向《こひなた》さんも同《おな》じ症状《しょうじょう》にかかってるらしい。僕《ぼく》よりも先《さき》に意識《いしき》を失《うしな》い、床《ゆか》に倒《たお》れ込《こ》んでしまった。

多分《たぶん》、死神《しにがみ》が何《なに》かしたんだろう。これは……人間側《にんげんがわ》が敗《はい》北《ぼく》してたら、この後《あと》、人狼《じんろう》に襲《おそ》われて次《つぎ》の日《ひ》を迎《むか》えることはないってことなんだろうか。

逆《ぎゃく》に目《め》を覚《さ》ますことができれば、人間側《にんげんがわ》の勝利《しょうり》、ってことなのか？

誰《だれ》も答《こた》えてはくれない。意識《いしき》が、どんどん遠《とお》のいていく。

ああ、もう、ダメだ……。

49へ進む

49 僕《ぼく》が意識《いしき》を取《と》り戻《もど》したのは……

「キャ——ッ!!」

悲鳴《ひめい》のような声《こえ》で、目《め》が覚《さ》めた。

視界《しかい》は暗闇《くらやみ》に奪《うば》われてたけど、徐々《じょじょ》に光《ひかり》がさしこんできて、目《め》の前《まえ》にキャップを被《かぶ》った大《おと》人《な》の男性《だんせい》がいることに気《き》付《づ》く。

男性《だんせい》は、僕《ぼく》の肩《かた》を優《やさ》しく揺《ゆ》らしながら声《こえ》をかけてきた。

「お客様《きゃくさま》、大丈夫《だいじょうぶ》ですか？　気分《きぶん》が優《すぐ》れないのでしたら、こちらのアトラクションのご利用《りよう》はお控《ひか》えください。医務室《いむしつ》へご案内《あんない》いたしましょうか？」

「は、はい」

僕《ぼく》は状況《じょうきょう》がわからず、とりあえずうなずいてしまった。

周《まわ》りを確認《かくにん》すると、ここはどうやら、ダイナスティーランド内《ない》のジェットコースターの待機《たいき》場所《ばしょ》みたいだ。

「あ……ああ、い、いや、やっぱり医務室《いむしつ》には行《い》きません。大丈夫《だいじょうぶ》です」

僕《ぼく》はキャストの男性《だんせい》から離《はな》れると、ずらりと並《なら》んでいたジェットコースターの待機列《たいきれつ》、その最後尾《さいこうび》に並《なら》んだ。

「月形《つきがた》、どうした？　怖《こわ》くなったのか？」

前《まえ》にいたクラスメイトが振《ふ》り向《む》くなり、ニヤニヤしながら声《こえ》をかけてきた。

「……怖《こわ》い？　そうなのかな？」

「無理《むり》すんなよ。そういえばさっき、小日向《こひなた》も列《れつ》から外《はず》れていったから、一緒《いっしょ》に医務室《いむしつ》に案内《あんない》してもらえよ」

「小日向《こひなた》さんが⁉」

僕《ぼく》は思《おも》わず大《おお》きな声《こえ》をあげてしまった。

「あ、ああ。やっぱり気《き》付《づ》いてなかったか。そうだよ。すぐ前《まえ》のことだから、今《いま》なら追《お》いつけるんじゃないか」

「そ、そう。わかった、ありがとう！」

僕《ぼく》はクラスメイトにお礼《れい》を言《い》うと、小日向《こひなた》さんを追《お》いかけて走《はし》り出《だ》した。

ジェットコースターの入場口《にゅうじょうぐち》を出《で》たところで、小日向《こひなた》さんの背中《せなか》が見《み》える。

「小日向《こひなた》さん！　よかった、無事《ぶじ》だったんだね」

「え、わ、つ、月形《つきがた》くん？　き、急《きゅう》に大《おお》きな声《こえ》でどうしたんですか……？」

僕《ぼく》に呼《よ》びかけられて、小日向《こひなた》さんはびっくりしたように振《ふ》り返《かえ》った。

「とりあえず小日向《こひなた》さんが無事《ぶじ》でよかったよ。まだよくわからないけど、どうも〝人狼《じんろう》の館《やかた》〟に入《はい》る前《まえ》に戻《もど》ったみたいだ。火夏《ほのか》ちゃんや木島《きじま》くんたちを、見《み》かけなかった？」

「つ、月形《つきがた》くん、い、一体《いったい》なんの話《はなし》をしているんですか……？　無事《ぶじ》だとか、入《はい》る前《まえ》に戻《もど》るとか、なんのことでしょう……？」

「え？　覚《おぼ》えてないの？　人狼《じんろう》ゲームのこと」

「人狼《じんろう》ゲーム……ですか？　名前《なまえ》は聞《き》いたことありますけど、やったことはありません。転校《てんこう》してきて、まだあまり友達《ともだち》がいませんから……」

小日向《こひなた》さんはどこか申《もう》し訳《わけ》なさそうな、寂《さび》しそうな苦笑《にがわら》いを浮《う》かべた。どういうことだろう。

小日向《こひなた》さんは、もしかして〝人狼《じんろう》の館《やかた》〟の出来事《できごと》を覚《おぼ》えていない？

50へ進む

50 人狼《じんろう》の館《やかた》から帰還《きかん》して

何事《なにごと》もなく日常生活《にちじょうせいかつ》に戻《もど》って1週間《しゅうかん》がたった。
人狼《じんろう》ゲームで死《し》んだ人《ひと》たちは、いつまでたっても見《み》つからない。
でも、僕《ぼく》は覚《おぼ》えている。命《いのち》がけの人狼《じんろう》ゲームのことを。
僕《ぼく》は生《い》き残《のこ》ることができたけど、これは正《ただ》しい選択《せんたく》だったんだろうか？
僕《ぼく》や小日向《こひなた》さんが無事《ぶじ》でいる以上《いじょう》、速水《はやみ》さんが人狼《じんろう》だったんだとは思《おも》う。
僕《ぼく》がもしも、狩人《かりうど》の力《ちから》で木島《きじま》くんを守《まも》れていたら……。
違《ちが》う未来《みらい》があったのかもしれない。
今《いま》となっては意味《いみ》のないことだ。だけど、どうしても考《かんが》えずにはいられない。
何人《なんにん》もの人《ひと》が消《き》えたのに、世《よ》の中《なか》は人狼《じんろう》ゲーム以前《いぜん》と変《か》わらずに動《うご》いていく。
そして僕《ぼく》も、そんな日常《にちじょう》に溶《と》け込《こ》んでいく。
「それではホームルームを始《はじ》めます」
聞《き》いたことのない担任《たんにん》の声《こえ》を聞《き》きながら、僕《ぼく》は火夏《ほのか》ちゃんたちのいない日常《にちじょう》へと——。

NORMAL END

51 僕《ぼく》の投票先《とうひょうさき》は小日向《こひなた》さん

議論《ぎろん》の時間《じかん》が終《お》わり、僕《ぼく》は小日向《こひなた》さんに投票《とうひょう》することにした。

小日向《こひなた》さんが、占《うらな》い師《し》をかたる人狼《じんろう》だと思《おも》ったからだ。

速水《はやみ》さんの意見《いけん》は少《すこ》し感情的《かんじょうてき》に思《おも》えたけど、それでも同意《どうい》できるものだった。

小日向《こひなた》さんは占《うらな》い師《し》をかたって、ほかの人《ひと》を殺《ころ》しまわった人狼《じんろう》なんだ。

土屋《つちや》さんが本当《ほんとう》に占《うらな》い師《し》だったのかは今《いま》となってはわからない。彼女《かのじょ》が占《うらな》い師《し》だったら木《き》島《じま》くんが人狼《じんろう》だということになるけど……その木島《きじま》くんも殺《ころ》されてしまって、もういない。

僕《ぼく》が狩人《かりうど》の力《ちから》で木島《きじま》くんを守《まも》ってさえいれば……。

けど、どれだけ後悔《こうかい》しても、もう遅《おそ》いんだ。

それなら、今《いま》からでもできることをやらなきゃ……。

だから、投票先《とうひょうさき》を変《か》えることはなかった。

僕《ぼく》が予想《よそう》したとおり、小日向《こひなた》さんと速水《はやみ》さんは投票先《とうひょうさき》にそれぞれお互《たが》いがお互《たが》いを選《えら》んだ。

小日向《こひなた》さんに僕《ぼく》と速水《はやみ》さんの票《ひょう》が二《ふた》つ入《はい》り、処刑《しょけい》される人《ひと》……いや、人狼《じんろう》が決《き》まった。

居心地《いごこち》の悪《わる》い気《き》まずさを感《かん》じながら、僕《ぼく》は小日向《こひなた》さんの顔《かお》を見《み》た。
小日向《こひなた》さんは……信《しん》じられないというような表情《ひょうじょう》で、僕《ぼく》を見《み》つめていた。
僕《ぼく》は思《おも》わず、目《め》を逸《そ》らしてしまう。
ダメだ、小日向《こひなた》さんの顔《かお》をしてるけど、彼女《かのじょ》は人狼《じんろう》なんだ……。

52へ進む

52 小日向《こひなた》さんは否定《ひてい》する

処刑《しょけい》されることが決定《けってい》したあとも小日向《こひなた》さんは、

「わ、わたくしは人狼《じんろう》ではありません、わたくしは決《けっ》して、人狼《じんろう》などでは……」

と繰《く》り返《かえ》しつぶやいていた。黒《くろ》い水《みず》たまりのような影《かげ》が足元《あしもと》に現《あらわ》れたときも、そのつぶやきは止《と》まらなかった。

小日向《こひなた》さんが影《かげ》に飲《の》み込《こ》まれたあとも、その言葉《ことば》は僕《ぼく》の耳《みみ》にこびりついて離《はな》れなかった。

僕《ぼく》の決断《けつだん》は本当《ほんとう》に正《ただ》しかったのか？　小日向《こひなた》さんの最期《さいご》を見《み》ていると、わからなくなる。

ただ、速水《はやみ》さんに投票《とうひょう》する気《き》がおこらなかったのも事実《じじつ》だ。

最《もっと》も疑《うたが》わしかったのは、占《うらな》い師《し》を名乗《なの》った小日向《こひなた》さんなんだ。

なぜなら、人狼《じんろう》だと指摘《してき》した土屋《つちや》さんを処刑《しょけい》してもゲームは終《お》わらなかったんだから。

その点《てん》がどうしても気《き》になって、小日向《こひなた》さんを信《しん》じることができなかった。

速水《はやみ》さんは火夏《ほのか》ちゃんが人狼《じんろう》に襲《おそ》われたあと、僕《ぼく》を立《た》ち直《なお》らせてくれた。その結果《けっか》、狩人《かりうど》の力《ちから》を手《て》に入《い》れることができたんだ。

「これで、ようやく終《お》わる」

速水《はやみ》さんが疲《つか》れきったような声《こえ》でこぼした。

「……そうだね」

「疲《つか》れたから部屋《へや》に戻《もど》る」

「僕《ぼく》もそうするよ」

小日向《こひなた》さんの言葉《ことば》は、未《いま》だに耳《みみ》の奥《おく》に張《は》り付《つ》いて、鼓膜《こまく》を揺《ゆ》らしていた。そのせいか、なんだか、頭《あたま》が痛《いた》くなってくる。

どうにかして自室《じしつ》にたどりつくと、僕《ぼく》はベッドに倒《たお》れ込《こ》んだ。

いつものとおり強烈《きょうれつ》な眠気《ねむけ》がやってくる。それでもいい。

今《いま》はとにかく休《やす》みたい。

でも薄《うす》れゆく意識《いしき》の中《なか》、僕《ぼく》の中《なか》で響《ひび》き続《つづ》けていた小日向《こひなた》さんの声《こえ》は、別《べつ》のものにかき消《け》された。

ドアの開《ひら》く音《おと》と。

獣《けもの》のような、唸《うな》り声《ごえ》によって――。

BAD END

53 狩人《かりうど》の力《ちから》で木島《きじま》くんは守《まも》れたの？

僕《ぼく》は、いつの間《ま》にか眠《ねむ》ってしまってたみたいだ。

ベッドから起《お》き上《あ》がり、軽《かる》く上半身《じょうはんしん》を伸《の》ばしてあくびをした。

あの強烈《きょうれつ》な眠気《ねむけ》は一体《いったい》なんなんだろう？

それに狩人《かりうど》の力《ちから》は木島《きじま》くんに使《つか》ったけど、上手《うま》くいったんだろうか？

まだ頭《あたま》がよく回《まわ》らず、考《かんが》えがまとまらない。いや、ここでいろんなことを考《かんが》えてたって仕《し》方《かた》ない。まずは、みんなの様子《ようす》を確認《かくにん》しないと。

ベッドをおりて、洗面台《せんめんだい》に行《い》って顔《かお》を洗《あら》う。

そのあとで、ふと、鏡《かがみ》に映《うつ》った自分自身《じぶんじしん》の顔《かお》を眺《なが》めた。とてもこわばってるのがわかる。

だんだん頭《あたま》が冴《さ》えてくると、昨晩《さくばん》の自分《じぶん》の選択《せんたく》の結果《けっか》を知《し》るのが恐《おそ》ろしくなってきたからだ。

でもその結果《けっか》はすでに出《で》ている。確認《かくにん》しなければ未来《みらい》が確定《かくてい》しない、なんてことはない。人《じん》狼《ろう》だけがいなくなって、残《のこ》った三人《さんにん》が全員人間《ぜんいんにんげん》だという都合《つごう》のいい結果《けっか》になるはずがないんだ。

「……行《い》こう」

僕《ぼく》は、自分《じぶん》の選択《せんたく》を信《しん》じて自室《じしつ》のドアを開《あ》けた。
大広間《おおひろま》には誰《だれ》もいなかった。
まさか、僕《ぼく》以《い》外《がい》のみんなが既《すで》に殺《ころ》されてしまった……？
いや、そんなことあるはずがない。
ここまで来《き》て、ルールを破《やぶ》るようなマネはしないはずだ。
そうだ、食堂《しょくどう》に行《い》ってみよう。
あそこなら人《ひと》がいるかもしれない。

54へ進む

54 食堂《しょくどう》にて全員集合《ぜんいんしゅうごう》

僕《ぼく》が食堂《しょくどう》に着《つ》くと、先《さき》に木島《きじま》くんがいて、食卓《しょくたく》で朝食《ちょうしょく》を食《た》べていた。木島《きじま》くんは僕《ぼく》が食《しょく》堂《どう》に入《はい》ってきたことに気付《きづ》いたのか、料理《りょうり》を口《くち》に運《はこ》ぶ手《て》を一度《いちど》止《と》める。でも取《と》るに足《た》らないとでも思《おも》ったのか、再《ふたた》び料理《りょうり》を食《た》べ始《はじ》めた。

よかった……狩人《かりうど》の力《ちから》がうまく使《つか》えたか不安《ふあん》だったけど、木島《きじま》くんを守《まも》れたみたいだ。

あとは残《のこ》りの二人《ふたり》が無事《ぶじ》かどうかだ。

僕《ぼく》は指定席《していせき》のようになっている席《せき》に腰《こし》を下《お》ろす。隣《となり》は、大広間《おおひろま》と同《おな》じく火夏《ほのか》ちゃんの席《せき》だった。もうここに火夏《ほのか》ちゃんが座《すわ》ることはない、と思《おも》うと、ぐっと胸《むね》が詰《つ》まる。

「おはよう、木島《きじま》くん」

下手《へた》をすればまた泣《な》いてしまうかもしれないと、僕《ぼく》は視線《しせん》を逸《そ》らして木島《きじま》くんに声《こえ》をかけた。

でも、木島《きじま》くんはもくもくと料理《りょうり》を食《た》べ続《つづ》けるだけで、何《なに》も答《こた》えてはくれない。

その態度《たいど》は邪険《じゃけん》にされているようで気《き》になったけど、いつもの木島《きじま》くんらしいともいえる。

昨日《きのう》の別《わか》れ際《ぎわ》は少《すこ》し取《と》り乱《みだ》していたようだったけど、どうやら一晩《ひとばん》たって回復《かいふく》したみたいだ。

「そうだ。木島《きじま》くん、昨日《きのう》言《い》ってた、〝アレ〟って……」

今《いま》なら昨日《きのう》のことを聞《き》けるかもしれない、と木島《きじま》くんにたずねようとすると、食堂《しょくどう》のドアが開《ひら》く音《おと》がした。

「おはよう。二人《ふたり》とも早《はや》い」

速水《はやみ》さんだ。

僕《ぼく》とは違《ちが》い、速水《はやみ》さんは食卓《しょくたく》に座《すわ》る前《まえ》に、壁際《かべぎわ》に置《お》かれているポットを使《つか》って珈琲《コーヒー》を淹《い》れ始《はじ》めた。

「二人《ふたり》？　速水《はやみ》が最後《さいご》だぞ」

木島《きじま》くんがそう告《つ》げると、奥《おく》から小日向《こひなた》さんが出《で》てきた。小日向《こひなた》さんはカートを押《お》していて、その上《うえ》には僕《ぼく》と速水《はやみ》さんのものと思《おも》われる朝食《ちょうしょく》が乗《の》せられている。

「お、おはようございます。月形《つきがた》くん、速水《はやみ》さん。よかったらどうぞ」

よく考《かんが》えると、木島《きじま》くんが自分《じぶん》で料理《りょうり》をするとは思《おも》えない。僕《ぼく》が気付《きづ》かなかっただけで、小日向《こひなた》さんも先《さき》に起《お》きてたのか。

僕《ぼく》は椅子《いす》から立《た》ち上《あ》がって、料理《りょうり》ののったお皿《さら》を受《う》け取《と》り、食卓《しょくたく》に並《なら》べた。

「ありがとう、小日向《こひなた》さん」

小日向《こひなた》さんも手伝《てつだ》ってくれて、並《なら》べ終《お》わると僕《ぼく》は改《あらた》めてお礼《れい》を言《い》った。

小日向《こひなた》さんは笑顔《えがお》になり、続《つづ》けて、

「は、速水《はやみ》さんもいかがですか？」

とたずねた。すでに珈琲《コーヒー》を淹《い》れて食卓《しょくたく》についていた速水《はやみ》さんは、

「ありがとう、でもワタシ食欲《しょくよく》がないから、その分《ぶん》は小日向《こひなた》さんが食《た》べて」

そう断《ことわ》った。

「そ、そうですか。すみません、でもわたくしの分《ぶん》は別《べつ》に用意《ようい》してあるので……」

どうしよう、と小日向《こひなた》さんは困《こま》ったような表情《ひょうじょう》をうかべる。

「ごめんなさい、やっぱりもらう。残《のこ》してしまうのも悪《わる》い」

「いえ、無理《むり》して食《た》べなくても……」

「ちがう、小日向《こひなた》さんが自分《じぶん》の分《ぶん》を用意《ようい》しているかわからなかった。ありがとう」

「あ、そ、そうなんですか？　大丈夫《だいじょうぶ》ですよ」

小日向《こひなた》さんはそう言《い》うと、速水《はやみ》さんに料理《りょうり》を渡《わた》した。

昨日《きのう》の二人《ふたり》には険悪《けんあく》な空気《くうき》があったけど、見《み》たところそれは収《おさ》まったようだ。

人狼《じんろう》と占《うらな》われた土屋《つちや》さんを処刑《しょけい》してもゲームが終《お》わらなかったことに、みんな動揺《どうよう》してたんだろう。

１日《にち》たって心《こころ》に落《お》ち着《つ》きを取《と》り戻《もど》したのは、僕《ぼく》も同《おな》じだ。

そして、みんな生《い》きていた。なによりもこれがうれしい。

僕《ぼく》の持《も》っている狩人《かりうど》の力《ちから》は、ちゃんと人狼《じんろう》からの攻撃《こうげき》に対処《たいしょ》できてたってことだ。

ほっとして涙《なみだ》ぐみそうになる。

ただ、感傷的《かんしょうてき》になってばかりもいられない。

少《すこ》しでも人狼《じんろう》の手《て》がかりとなるものを見《み》つけなくちゃいけない。

僕《ぼく》は、朝食《ちょうしょく》を急《いそ》いでかきこんだ。

その僕《ぼく》の様子《ようす》を見《み》て、三人《さんにん》は呆《あき》れたり、驚《おどろ》いたり、食《た》べっぷりに満足《まんぞく》したりといったリアクションをしていたけど、気《き》にせず朝食《ちょうしょく》を終《お》えた。

55へ進む

55 人狼《じんろう》は誰《だれ》だ？

僕《ぼく》は食堂《しょくどう》を出《で》たあと、館《やかた》の中《なか》をうろうろしながら、人狼《じんろう》は誰《だれ》だろうと考《かんが》えた。昨日《きのう》の段階《だんかい》では、僕以外《ぼくいがい》の誰《だれ》もが人狼《じんろう》である可能性《かのうせい》があった。でも、今《いま》は違《ちが》う。狩人《かりうど》の力《ちから》を使《つか》い、誰一人死《だれひとりし》ななかったことで、木島《きじま》くんが人間《にんげん》であることが確定《かくてい》した。人狼《じんろう》は速水《はやみ》さんか小日向《こひなた》さんのどっちかに絞《しぼ》られたってことだ。

どっちが人狼《じんろう》なんだろう？

まずは、小日向《こひなた》さんが人狼《じんろう》である可能性《かのうせい》を考《かんが》えてみよう。

そもそも小日向《こひなた》さんが人狼《じんろう》だと疑《うたが》われたのは、占《うらな》い師《し》だと名乗《なの》り出《で》たからだ。

そして土屋《つちや》さんも占《うらな》い師《し》だと名乗《なの》り出《で》たことで、どっちかが本物《ほんもの》の占《うらな》い師《し》でどっちかが人狼《じんろう》だと僕《ぼく》は思《おも》った。

つまり二日間《ふつかかん》で二人《ふたり》を処刑《しょけい》すれば、確実《かくじつ》に人狼《じんろう》を倒《たお》すことができて、ゲームは僕《ぼく》たち人間側《にんげんがわ》の勝利《しょうり》となると思《おも》ったんだ。

なら、投票《とうひょう》はやっぱり小日向《こひなた》さんにするべきだろうか？

【小日向さんを選ぶことにする】なら 33 へ進む

【ほかの可能性ももう少し考えてみる】なら 43 へ進む

56 漫画《まんが》コーナーで出会《であ》ったのは

しまった。もしこのまま死《し》んでしまったら悔《く》いが残《のこ》ると思《おも》って、読《よ》みかけの漫画《まんが》を最《さい》新巻《しんかん》まで追《お》いかけてしまった。

結末《けつまつ》まで読《よ》めるわけじゃないのに、時間《じかん》を無駄《むだ》に使《つか》って何《なに》も見《み》つけられなかったじゃないか。

そろそろ大広間《おおひろま》に行《い》かなきゃ……。

59へ進む

57 人狼《じんろう》は一人《ひとり》と言《い》っていた？

僕《ぼく》が気《き》になったのは、どうしてみんな、人狼《じんろう》が一人《ひとり》だと思《おも》い込《こ》んでいたのかってことだった。

〝死神《しにがみ》〟の決《き》めたルールでは、人狼《じんろう》が一人《ひとり》だけとは示《しめ》してなかったはずだ。

僕《ぼく》は人狼《じんろう》ゲームに詳《くわ》しくなかったから、なんとなくそういうものだと思《おも》ってたけど……。

「速水《はやみ》さんに、聞《き》きたいことがあるんだ」

「なに？　人狼《じんろう》さん」

僕《ぼく》を挑発《ちょうはつ》する姿勢《しせい》は、崩《くず》さないみたいだ。そのほうが速水《はやみ》さんにとって都合《つごう》がいいんだろう。

先《さき》に狩人《かりうど》だと名乗《なの》り出《で》たアドバンテージを保《たも》ったまま議論《ぎろん》を終了《しゅうりょう》させたいんだ。

65へ進む

58 小日向《こひなた》さんを守《まも》る

小日向《こひなた》さんは、占《うらな》い師《し》のはずだ。占《うらな》い師《し》は、人狼《じんろう》を見《み》つけられる唯一《ゆいいつ》の役職《やくしょく》。それを失《うしな》うことだけは絶対《ぜったい》に避《さ》けなきゃいけない。

小日向《こひなた》さんを守《まも》るぞ。僕《ぼく》はそう決意《けつい》して、眠《ねむ》りに落《お》ちていった。

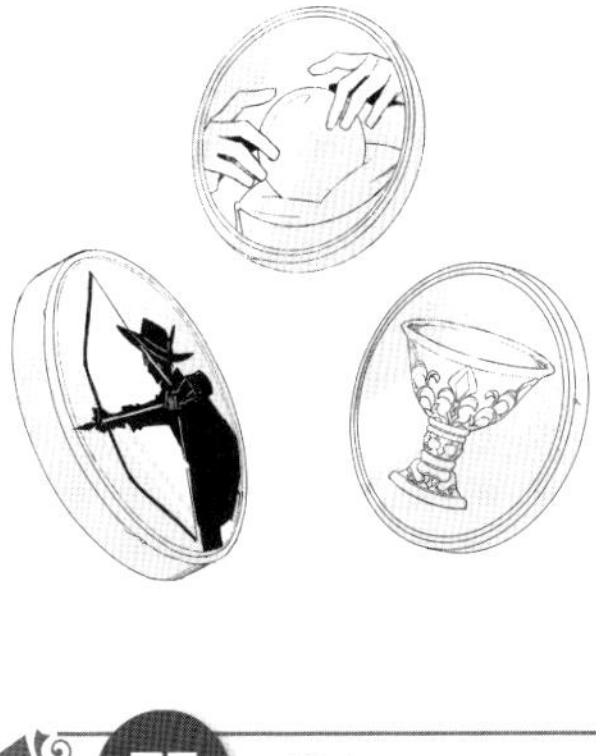

35 へ進む

59 最後《さいご》の議論《ぎろん》が始《はじ》まる

大広間《おおひろま》に戻《もど》ると、僕《ぼく》はテーブルのいつもの席《せき》へと座《すわ》った。

僕以外《ぼくいがい》のみんなも座《すわ》ってたけど、誰《だれ》も一言《ひとこと》も口《くち》を利《き》かなかった。

人狼《じんろう》に対《たい》して牽制《けんせい》しておきたいけど、自分《じぶん》が標的《ひょうてき》にならないことも大切《たいせつ》だ。下手《へた》なことを言《い》って疑《うたが》われても困《こま》ると思《おも》ってるんだろう。僕《ぼく》も同《おな》じ気持《きも》ちだった。

目立《めだ》たないようにと、息《いき》づかいにすら気《き》を使《つか》う。

議論《ぎろん》を開始《かいし》する前《まえ》の部屋《へや》には、いつも以上《いじょう》の緊張感《きんちょうかん》が漂《ただよ》っていた。

今回《こんかい》は自分《じぶん》が生《い》き残《のこ》るだけでなく、必《かなら》ず人狼《じんろう》を処刑《しょけい》しなきゃいけないんだから、当《あ》たり前《まえ》だ。

仮《かり》に議論《ぎろん》で僕《ぼく》が助《たす》かっても、人狼《じんろう》を処刑《しょけい》できなければ、今夜《こんや》は僕《ぼく》が襲《おそ》われることになるかもしれない。木島《きじま》くんを襲《おそ》えなかったことで、人狼《じんろう》は僕《ぼく》が狩人《かりうど》だと気付《きづ》いてる可能性《かのうせい》があるからだ。

今日《きょう》、人間《にんげん》が処刑《しょけい》されて、そのあとで僕《ぼく》が人狼《じんろう》に殺《ころ》されれば、明日《あした》には人狼《じんろう》と人間《にんげん》が一人《ひとり》ずつとなる。そうなれば、人狼側《じんろうがわ》がこのゲームの勝利者《しょうりしゃ》だ。

だから人狼《じんろう》としては、今日《きょう》の議論《ぎろん》を何《なに》がなんでも生《い》き延《の》びようとするだろう。処刑《しょけい》が終《お》わったあとなら、疑《うたが》われたってかまわないんだから。

僕《ぼく》は開始時間《かいしじかん》が気《き》になって、時計《とけい》を眺《なが》めた。

時計《とけい》の長針《ちょうしん》が、真上《まうえ》を指《さ》す。８時《じ》だ。

モニターに死神《しにがみ》が現《あらわ》れた。

「さあ、諸君《しょくん》。楽《たの》しいゲームもいよいよクライマックスだ。悔《く》いのないように存分《ぞんぶん》に語《かた》りあってくれたまえ。諸君《しょくん》の奮闘《ふんとう》ぶりに期待《きたい》する。クックック……」

含《ふく》み笑《わら》いを残《のこ》して、死神《しにがみ》がモニターから消《き》える。

おまえに言《い》われるまでもない。

僕《ぼく》は、人狼《じんろう》が誰《だれ》なのかわかっていた。

あとは投票《とうひょう》で人狼《じんろう》を処刑《しょけい》するようにもっていけるかどうかだ。

「あの……」

僕《ぼく》は発言《はつげん》しようと、口《くち》を開《ひら》いた。単純《たんじゅん》に、明快《めいかい》に、僕自身《ぼくじしん》の立場《たちば》と推理《すいり》を説明《せつめい》できれば信《しん》じてもらえるはずだ。

けど、僕《ぼく》よりも早《はや》く小日向《こひなた》さんが大《おお》きな声《こえ》を出《だ》した。

「ぎ、議論《ぎろん》が始《はじ》まっているのはわかってるんですけど、言《い》っておきたいことがあります……」

小日向《こひなた》さんが真《ま》っ先《さき》に喋《しゃべ》り出《だ》すのは珍《めずら》しい。いや、占《うらな》い師関係《しかんけい》のことだと珍《めず》しくもなかったかな。ひとまず僕《ぼく》は、小日向《こひなた》さんの言葉《ことば》を聞《き》くことにした。

「本当《ほんとう》は、朝食《ちょうしょく》のときにでも言《い》うべきだったのかもしれませんけど、議論《ぎろん》のとき以外《いがい》で人狼《じんろう》のことを持《も》ち出《だ》すのもどうかな、と思《おも》いまして……」

最初《さいしょ》の勢《いきお》いはどこへいったのか、小日向《こひなた》さんの声《こえ》はどんどん弱《よわ》くなっていき、モジモジとし始《はじ》める。

さらに少《すこ》しずつ顔《かお》を俯《うつむ》かせていったけど、途中《とちゅう》で意《い》を決《けっ》したのか、思《おも》い切《き》ったように正面《しょうめん》を向《む》いた。

「わ、わたくしを昨晩《さくばん》、守《まも》っていただいてありがとうございました。ど、どなたかはわかりませんが、狩人《かりうど》の力《ちから》で守《まも》っていただかなければ、今日《きょう》を迎《むか》えることはできなかったでしょう」

言《い》い終《お》えたあと、小日向《こひなた》さんは、深々《ふかぶか》とお辞儀《じぎ》する。

……どういうことだ？　僕《ぼく》は大《おお》いに戸惑《とまど》った。

昨晩《さくばん》、狩人《かりうど》の力《ちから》で守《まも》ったのは木島《きじま》くんだ。小日向《こひなた》さんじゃない。

小日向《こひなた》さんは、あの時点《じてん》で人狼《じんろう》の可能性《かのうせい》が高《たか》かった。

もし違《ちが》ったとしても、みんなに疑《うたが》われてる小日向《こひなた》さんを人狼《じんろう》が狙《ねら》う可能性《かのうせい》は低《ひく》いと思《おも》って、対象《たいしょう》から外《はず》してたんだ。

でもどうやら、小日向《こひなた》さんは、自分《じぶん》が占《うらな》い師《し》だと名乗《なの》っているから、間違《まちが》いなく人《じん》狼《ろう》に狙《ねら》われると思《おも》い込《こ》んでたらしい。

そして、人狼《じんろう》だと疑《うたが》われてることから、狩人《かりうど》に守《まも》ってもらえず、朝《あさ》を迎《むか》えることはないとも覚悟《かくご》していたのかもしれない。

微笑《ほほえ》みを浮《う》かべている小日向《こひなた》さんに、違《ちが》うとは言《い》いづらい。

僕《ぼく》がためらっていると、

「違《ちが》う。ワタシが狩人《かりうど》の力《ちから》で守《まも》ったのは木島《きじま》くん」

突然《とつぜん》、速水《はやみ》さんが発言《はつげん》した。僕《ぼく》は驚《おどろ》きのあまり声《こえ》が出《で》なくなる。

「そうだよね、人狼《じんろう》の月形《つきがた》くん」

速水《はやみ》さんは、感情《かんじょう》の読《よ》めない目《め》で、僕《ぼく》を見《み》つめた。

60へ進む

60 先手《せんて》をとられた!? 誤解《ごかい》をとかなくては!

しまった、と思《おも》っても、もう遅《おそ》い。

小日向《こひなた》さんと木島《きじま》くんが、同時《どうじ》に僕《ぼく》へと視線《しせん》を向《む》けてくる。

「違《ちが》う、狩人《かりうど》は僕《ぼく》だ！　人狼《じんろう》なんかじゃない！」

慌《あわ》てて否定《ひてい》したけど、二人《ふたり》の視線《しせん》は冷《ひ》ややかだった。後出《あとだ》しになると、どうしても説得力《せっとくりょく》は弱《よわ》くなる。それは土屋《つちや》さんが占《うらな》い師《し》と名乗《なの》ったときもそうだった。

速水《はやみ》さんが自分《じぶん》を狩人《かりうど》だとかたったことで、彼女《かのじょ》こそが人狼《じんろう》であるということが確定《かくてい》した。

そもそも、速水《はやみ》さんが人狼《じんろう》だという考《かんが》えはかなり濃厚《のうこう》だったんだけど……しかし、昨日《きのう》、速水《はやみ》さんは小日向《こひなた》さんと敵対《てきたい》する態度《たいど》をとっていた。だから議論《ぎろん》でも、小日向《こひなた》さんを攻《せ》める方向《ほうこう》でくるだろうと思《おも》い込《こ》んでしまってたんだ。

そのせいで僕《ぼく》は、生《い》き残《のこ》った木島《きじま》くんといかに協力《きょうりょく》できるかが重要《じゅうよう》だとばかり考《かんが》えていた。

完全《かんぜん》にやられてしまった。

「は、速水《はやみ》さんが狩人《かりうど》なら、昨日《きのう》、どうして小日向《こひなた》さんに対《たい》してあんな態度《たいど》をとったの？」

「人狼《じんろう》だと小日向《こひなた》さんが疑《うたが》われれば、本物《ほんもの》の人狼《じんろう》は小日向《こひなた》さん以外《いがい》を狙《ねら》う可能性《かのうせい》が高《たか》い。狩《かり》人《うど》の力《ちから》で誰《だれ》かを守《まも》れる可能性《かのうせい》をあげるために、そうした」

まるで準備《じゅんび》していたかのように、速水《はやみ》さんはそれらしい理由《りゆう》を語《かた》った。僕《ぼく》が小日向《こひなた》さんに力《ちから》を使《つか》わなかった理由《りゆう》と一致《いっち》しているため、くやしいけど、かなりもっともらしい。

「違《ちが》う！　速水《はやみ》さんは今日《きょう》の議論《ぎろん》が三人《さんにん》になったときのことを考《かんが》えてあんな態度《たいど》をとってたんだ！　一人減《ひとりへ》った場合《ばあい》は、小日向《こひなた》さんを人狼《じんろう》に仕立《した》て上《あ》げ、減《へ》らなかった場合《ばあい》は狩人《かりうど》をかたることにしてたんだ！」

僕《ぼく》が大《おお》きな声《こえ》で喋《しゃべ》ったあと、速水《はやみ》さんはオーバーな仕草《しぐさ》で溜《た》め息《いき》をついた。僕《ぼく》にはとてもわざとらしく映《うつ》ったけど、ほかの二人《ふたり》はどう思《おも》ったのか……。

「……人狼《じんろう》の月形《つきがた》くんは、そうでも言《い》わないと反論《はんろん》できないのはわかっている。でも木島《きじま》くんと小日向《こひなた》さんも、よく考《かんが》えてほしい」

速水《はやみ》さんは手《て》を広《ひろ》げながら、木島《きじま》くんと小日向《こひなた》さんに向《む》けて語《かた》りだした。

「ワタシは、小日向《こひなた》さんに疑《うたが》いをかけることで人狼《じんろう》の選択肢《せんたくし》を誘導《ゆうどう》した。そのおかげで、狩《かり》人《うど》の力《ちから》を使《つか》って木島《きじま》くんを守《まも》ることができた。誰《だれ》も人狼《じんろう》に襲《おそ》われなかった。結果《けっか》は大成功《だいせいこう》。

疑《うたが》うところがある？」

速水《はやみ》さんはそこで言葉《ことば》を切《き》って、小日向《こひなた》さんのほうを向《む》いた。

「でも、作戦《さくせん》があったとはいえ、小日向《こひなた》さんへの態度《たいど》は本当《ほんとう》に申《もう》し訳《わけ》ないと思《おも》ってる」

速水《はやみ》さんに頭《あたま》を下《さ》げられて、小日向《こひなた》さんは驚《おどろ》いたように手《て》を振《ふ》った。

「い、いいえ、大丈夫《だいじょうぶ》です、頭《あたま》をあげてください速水《はやみ》さん……」

「ありがとう、小日向《こひなた》さん」

だまされないで、と言《い》いたかったけど、速水《はやみ》さんの口調《くちょう》や、動《うご》きは、とても自然《しぜん》だった。

もし演技《えんぎ》だとすれば、とてもじゃないけど、僕《ぼく》と同《おな》じ歳《とし》だとは思《おも》えない。

小日向《こひなた》さんに許《ゆる》してもらったところで、速水《はやみ》さんは姿勢《しせい》を戻《もど》し、改《あらた》めて僕《ぼく》を見《み》た。

「ワタシのしたことは、小日向《こひなた》さんを傷《きず》つけてしまった。でも、月形《つきがた》くん。ワタシは自分《じぶん》だって注目《ちゅうもく》を浴《あ》びることで人狼《じんろう》だと疑《うたが》われる可能性《かのうせい》があったけど、行動《こうどう》に移《うつ》した。人狼《じんろう》にこれ以《い》上《じょう》、友達《ともだち》を殺《ころ》されないために。月形《つきがた》くんは何《なに》をした？　ただ注目《ちゅうもく》を浴《あ》びないようにしていただけ？」

速水《はやみ》さんは首《くび》を傾《かし》げて、黙《だま》り込《こ》んだ。僕《ぼく》の反論《はんろん》を待《ま》つように。

まずいな……先手《せんて》をとられたことで、僕《ぼく》の印象《いんしょう》は悪《わる》くなったかもしれない。

昨日《きのう》までの振《ふ》る舞《ま》いを責《せ》められたことも、かなり痛《いた》い。

でも、小日向《こひなた》さんも木島《きじま》くんも、まだ速水《はやみ》さんが狩人《かりうど》だと完全《かんぜん》に信《しん》じたわけじゃないだろう。そうだと、思《おも》いたい。上手《うま》く二人《ふたり》をだましてはいるけど、僕《ぼく》が狩《かり》人《うど》で速水《はやみ》さんが狩人《かりうど》だと偽《いつわ》っていることは間違《まちが》いないんだから。

僕《ぼく》が焦《あせ》って速水《はやみ》さんとの討論《とうろん》だけで議論《ぎろん》を終《お》わらせるほうが、状況《じょうきょう》を悪化《あっか》させるに違《ちが》いない。

そうだ。木島《きじま》くんと小日向《こひなた》さんの意見《いけん》も聞《き》いてみなきゃ。

【木島くんにたずねる】なら 61 へ進む

【小日向さんにたずねる】なら 62 へ進む

61 なんとか木島《きじま》くんを説得《せっとく》しないと……！

「木島《きじま》くんは、僕《ぼく》が人狼《じんろう》で速水《はやみ》さんが狩人《かりうど》だと思《おも》う？」

急《きゅう》に話《はなし》を振《ふ》られた木島《きじま》くんは、少《すこ》し戸惑《とまど》っている様子《ようす》を見《み》せながらも、冷静《れいせい》に意見《いけん》を述《の》べ始《はじ》めた。

「まだ、わからんな。まあ、もともと、今朝《けさ》の時点《じてん》で二人《ふたり》のどちらかが人狼《じんろう》だと考えていたが」

「「え？　どうして？」」

僕《ぼく》と小日向《こひなた》さんの言葉《ことば》が重《かさ》なった。

「ホント、バカばっかりだな。昨日《きのう》、自分《じぶん》は動揺《どうよう》してしまったが、それは土屋《つちや》が死《し》んでもゲームが終《お》わらなかったからだ」

ああ……。僕《ぼく》はなんとなく木島《きじま》くんの言《い》いたいことがわかったけど、小日向《こひなた》さんはまだ理解《りかい》できないらしく、きょとんとした顔《かお》をしている。

「だってそうだろう。自分《じぶん》は人間《にんげん》だとわかっている。それなのに土屋《つちや》は自分《じぶん》を人狼《じんろう》だと言《い》った。なら少《すく》なくともあいつが占《うらな》い師《し》でないことはわかるし、自分《じぶん》を陥《おとしい》れようとした時点《じてん》で、人狼《じんろう》である可能性《かのうせい》も高《たか》い。そうなると、残《のこ》った小日向《こひなた》が占《うらな》い師《し》ということになる」

「あ……そういうことですか」

小日向《こひなた》さんはようやく飲《の》み込《こ》めたようで、うんうんとうなずいた。

「もともとは占《うらな》い師《し》の小日向《こひなた》を責《せ》める速水《はやみ》が怪《あや》しいと思《おも》っていたが、今日《きょう》、その理由《りゆう》を聞《き》いて、辻褄《つじつま》は合《あ》っていると感《かん》じた。だから昨日《きのう》の悪印象《あくいんしょう》を差《さ》し引《ひ》いて、今《いま》のところはイーブンといったところか」

五分《イーブン》か……と僕《ぼく》は思《おも》ったけど、速水《はやみ》さん側《がわ》に傾《かたむ》いてないだけでもよかったと思《おも》おう。

おそらく頭《あたま》のいい木島《きじま》くんは、間違《まちが》う、ということをしたくないはずだ。最後《さいご》の投票《とうひょう》まで慎重《しんちょう》でいようとしてくれるのは、僕《ぼく》にとってありがたかった。

なら、次《つぎ》は……。

【小日向さんの意見を聞く】62 へ進む

【速水さんとの対決を再開する】63 へ進む

62 小日向《こひなた》さんを味方《みかた》に引《ひ》き込《こ》まないと……！

「小日向《こひなた》さんは、僕《ぼく》が人狼《じんろう》で、速水《はやみ》さんが狩人《かりうど》だと思《おも》う？」

「わ、わかりません……」

「じゃあ、木島《きじま》くんの占《うらな》いの結果《けっか》はどうだった？」

「き、昨日《きのう》は約束《やくそく》どおり占《うらな》いました……。木島《きじま》さんは人間《にんげん》でした……」

小日向《こひなた》さんは、ちらっと木島《きじま》くんの顔《かお》をうかがった。

「当然《とうぜん》だ。だから占《うらな》われるのを拒否《きょひ》するのは損《そん》だったんだ。自分《じぶん》にとっては、な」

ふん、と木島《きじま》くんは鼻《はな》を鳴《な》らす。

「で、ですから月形《つきがた》さんか速水《はやみ》さんのどちらが人狼《じんろう》かは、わたくしにはまだ、わかりません……」

そっか……無理《むり》もないかな。

たぶん小日向《こひなた》さんは、昨日《きのう》疑《うたが》いをかけられたことで速水《はやみ》さんが人狼《じんろう》かもと予想《よそう》していたと思《おも》う。でもさっきの議論《ぎろん》で、僕《ぼく》が怪《あや》しいと感《かん》じてしまったんだろう。

ただ、この時点《じてん》でわからない、と言《い》ってもらえるのでまだ勝機《しょうき》はあった。

「……小日向《こひなた》さんは、速水《はやみ》さんに疑《うたが》いをかけられた理由《りゆう》には納得《なっとく》いったの？」

「は、はい。実際誰《じっさいだれ》も人狼《じんろう》に殺《ころ》されなかったので……。それに、今思《いまおも》えば、本当《ほんとう》に疑《うたが》われていても仕方《しかた》なかったと思《おも》います。あのときは、土屋《つちや》さんのほかにも人狼《じんろう》がいるとはわたくしも思《おも》っていませんでしたし……」

「そっか。嫌《いや》なことを思《おも》い出《だ》させてごめんね」

僕《ぼく》が謝《あやま》ると、小日向《こひなた》さんは笑《わら》って許《ゆる》してくれた。

……小日向《こひなた》さんの気持《きも》ちを聞《き》くことはできた。

さあ、このあとはどうしよう？

【木島くんの意見を聞く】なら 61 へ進む

【速水さんとの対決を再開する】なら 63 へ進む

63 速水《はやみ》さんには負《ま》けられない！

僕《ぼく》は速水《はやみ》さんに対《たい》して、力《ちから》を込《こ》めた視線《しせん》を送《おく》った。

「人狼《じんろう》の月形《つきがた》くん、どうしたの。目《め》つきが怖《こわ》いよ。地《じ》が出《で》てる？」

速水《はやみ》さんは僕《ぼく》を煽《あお》るような言葉《ことば》を浴《あ》びせてきた。そんなものに、負《ま》けてたまるもんか。

「速水《はやみ》さん、僕《ぼく》は、人狼《じんろう》として処刑《しょけい》されるわけにはいかない」

「それはワタシも同《おな》じ」

「違《ちが》う。僕《ぼく》が負《ま》けたら、今夜《こんや》もう一人《ひとり》、人狼《じんろう》に襲《おそ》われてしまうんだ」

「それこそ違《ちが》う。それはワタシが殺《ころ》された場合《ばあい》」

「違《ちが》うよ。速水《はやみ》さんは人狼《じんろう》だ。だから速水《はやみ》さんが処刑《しょけい》されれば、ゲームは終《お》わる。僕《ぼく》も木島《きじま》くんも小日向《こひなた》さんも、生《い》き残《のこ》ることができるんだ。でも人間《にんげん》で、狩人《かりうど》である僕《ぼく》が処刑《しょけい》されれば、みんな死《し》んでしまう」

「何《なに》を言《い》っているのか理解《りかい》できない。アナタとワタシの立場《たちば》が逆《ぎゃく》。アナタが最後《さいご》に残《のこ》った人《じん》狼《ろう》で、ワタシがそれからみんなを守《まも》る狩人《かりうど》」

僕《ぼく》は更《さら》に反論《はんろん》しようとして、無意味《むいみ》なことに気付《きづ》き、口《くち》を閉《と》じた。

いったん、落《お》ち着《つ》こう。議論《ぎろん》が終《お》わるまでこんなやりとりを続《つづ》けても、木島《きじま》くんや小日向《こひなた》さんに、印象《いんしょう》で投票《とうひょう》されてしまうだけだ。

それは運《うん》であり、賭《か》けだ。しかも僕《ぼく》は少《すこ》し追《お》い詰《つ》められつつあった。このままだと分《ぶ》が悪《わる》い、ということだ。

ちゃんと速水《はやみ》さんが人狼《じんろう》だと示《しめ》さなきゃ、負《ま》けが決《き》まってしまう。

……そういえば、今《いま》までの流《なが》れで、疑問《ぎもん》に思《おも》ってることがあった。

もし僕《ぼく》がそれを解消《かいしょう》することができれば、勝機《しょうき》につながるかもしれない。

確《たし》か、僕《ぼく》が引《ひ》っかかったのは、速水《はやみ》さんの行動《こうどう》がきっかけだったと思《おも》う。

その行動《こうどう》とは……。

【初日の処刑に反対していた】なら **26** へ進む

【速水さんが最後に起きてきた】なら **29** へ進む

【人狼は一人だと断定していた】なら **57** へ進む

64 キッチンで探《さが》し物《もの》

キッチンにやってきたのは、小日向《こひなた》さんが本当《ほんとう》にここで占《うらな》い師《し》のコインを見《み》つけたのか気《き》になったからだ。

コインを見《み》つけたということ自体《じたい》が嘘《うそ》だった場合《ばあい》、それだけで人狼《じんろう》は確定《かくてい》する。狩人《かりうど》のコインを見《み》つけた僕《ぼく》にはその違《ちが》いが……。

いや待《ま》って。わかるはずないじゃないか。僕《ぼく》は何《なに》をしにここに来《き》た？

時間《じかん》を無駄《むだ》にしてしまったかもしれない。そろそろ大広間《おおひろま》に行《い》こう。

59へ進む

65 速水《はやみ》さんのおかしな言動《げんどう》を指摘《してき》しよう

「速水《はやみ》さんはいつから、人狼《じんろう》は二人《ふたり》いるって気《き》がついてたの？」

「みんなと一緒《いっしょ》。土屋《つちや》さんが人狼《じんろう》だって殺《ころ》されてもゲームが終《お》わらなかったから、その可能性《かのうせい》があるかもって」

「つまり、最初《さいしょ》は速水《はやみ》さんも、人狼《じんろう》が一人《ひとり》だって思《おも》い込《こ》んでたってことだよね？」

「そういうことになる」

「だから、人狼《じんろう》ゲームの説明《せつめい》のとき、木島《きじま》くんの説明《せつめい》に、人狼《じんろう》が一人《ひとり》ってつけたしたの？」

「……なんのこと？」

「速水《はやみ》さん、そう言《い》ってたよ。だから僕《ぼく》は、速水《はやみ》さんはこのゲームについて詳《くわ》しいんだなって感心《かんしん》したんだ」

木島《きじま》くんと小日向《こひなた》さんの顔色《かおいろ》が、初《はじ》めて変《か》わった。

二人《ふたり》の視線《しせん》が、僕《ぼく》ではなく、速水《はやみ》さんに向《む》かう。

速水《はやみ》さんは、今《いま》までの余裕《よゆう》ぶった態度《たいど》から一変《いっぺん》して、あきらかに困惑《こんわく》し始《はじ》めた。

「よく覚《おぼ》えてない。もしそう言《い》っていたのなら、謝《あやま》る。人狼《じんろう》ゲームって一人《ひとり》の人狼《じんろう》を見《み》つけ出《だ》すゲームだと思《おも》ってた」

「……そっか。つい、思《おも》い込《こ》んでしまったんだね」

「そう」

【嘘をついている証拠がない】なら 40 へ進む

【図書室で本を見つけている※】なら 66 へ進む

※㊷を通っている

66 図書室《としょしつ》の本《ほん》を提示《ていじ》しよう

「速水《はやみ》さん、それは、嘘《うそ》だね」

僕《ぼく》はテーブルの上《うえ》に、一冊《いっさつ》の本《ほん》を置《お》いた。

本《ほん》の表紙《ひょうし》には『人狼《じんろう》ゲームの遊《あそ》び方《かた》』とタイトルが書《か》かれている。

「速水《はやみ》さんは、思《おも》い込《こ》みで喋《しゃべ》ったんじゃない。図書室《としょしつ》で人狼《じんろう》ゲームについて確認《かくにん》した。だから、わざと人間《にんげん》たちに対《たい》して人狼《じんろう》は一人《ひとり》って言《い》ったんだ」

木島《きじま》くんと小日向《こひなた》さんが、何《なに》かを思《おも》い出《だ》したように驚《おどろ》きの声《こえ》をあげた。

「この本《ほん》には、はっきりと一人《ひとり》じゃない場合《ばあい》のルールも書《か》かれてる。それなのに、何故《なぜ》人狼《じんろう》は一人《ひとり》だって言《い》い切《き》ったの？」

「……そ、そんな本《ほん》は読《よ》んでいない」

「いや、速水《はやみ》さんは確《たし》かに図書室《としょしつ》で人狼《じんろう》ゲームについて調《しら》べたって言《い》ってたよ。それに、図書《としょ》室《しつ》に閲覧《えつらん》記録《きろく》も残《のこ》ってた。人狼《じんろう》ゲームについて書《か》かれた本《ほん》を読《よ》んだんなら、読書《どくしょ》が好《す》きで、常《つね》に本《ほん》を持《も》ち歩《ある》いているような速水《はやみ》さんが読《よ》み間違《まちが》いをするとは思《おも》えない。速水《はやみ》さんは、あえて人狼《じんろう》は一人《ひとり》だって言《い》って、僕《ぼく》たちにそう思《おも》い込《こ》ませたかったんだ」

「ち、違《ちが》う」

速水《はやみ》さんはなんとか否定《ひてい》しようとするけど、言葉《ことば》が続《つづ》かなかった。

人狼《じんろう》ゲームの議論《ぎろん》で重要《じゅうよう》なのは「いかにみんなに疑《うたが》いを持《も》たせるか」だ。

仮《かり》に木島《きじま》くんと小日向《こひなた》さんが速水《はやみ》さんの発言《はつげん》を覚《おぼ》えていなかったとしても、今《いま》の話《はなし》の影響《えいきょう》で、二人《ふたり》が僕《ぼく》と速水《はやみ》さんのどちらが怪《あや》しいと思《おも》うかはあきらかだった。

「僕《ぼく》は、もともと速水《はやみ》さんと仲《なか》が良《よ》かったわけじゃない。でも本《ほん》が凄《すご》く好《す》きなんだってことは見《み》ているだけでわかった。そんな速水《はやみ》さんが読《よ》み間違《まちが》いをした、なんて言《い》い訳《わけ》をするとは思《おも》えないよ。それこそ、別人《べつじん》に入《い》れ替《か》わったりしていない限《かぎ》りは、ね」

「そんなこと、ない。ワ、ワタシだって読《よ》み間違《まちが》うことはある」

焦《あせ》ってるせいだろう。速水《はやみ》さんは、いつの間《ま》にか自分《じぶん》が〝人狼《じんろう》ゲームの本《ほん》を読《よ》んでいた〟と認《みと》めてることに、気付《きづ》いていない。

「そうかもしれない。ただ、人狼《じんろう》が二人《ふたり》いるかもしれないなんてことは、とても重要《じゅうよう》なルールだ。ほかは間違《まちが》えても、ここだけは覚《おぼ》えてるはずだよ。はっきり言《い》うよ。速水《はやみ》さんは間違《まちが》えたんじやない。僕《ぼく》たちに嘘《うそ》をついたんだ。それはなんのためか？　人狼《じんろう》が一人《ひとり》だと思《おも》い込《こ》ませて、ゲームを有利《ゆうり》に進《すす》めるためだ！」

　ついに、速水《はやみ》さんは何《なに》も言《い》わなくなった。額《ひたい》を、汗《あせ》が伝《つた》っている。

「人狼《じんろう》が一人《ひとり》だと思《おも》い込《こ》ませて有利《ゆうり》になるのは、もちろん人狼側《じんろうがわ》だよ。人狼《じんろう》を一人《ひとり》処《しょ》刑《けい》できたとしても、それが本当《ほんとう》に正《ただ》しかったのか……もう一人《ひとり》の人狼《じんろう》が混乱《こんらん》させることもできるよね。よって、最後《さいご》に残《のこ》った人狼《じんろう》が速水《はやみ》さん……君《きみ》だ」

　速水《はやみ》さんは口《くち》を開《ひら》いたけど、結局《けっきょく》声《こえ》を発《はっ》することはなかった。

　そして――投票《とうひょう》が始《はじ》まる。

67へ進む

67 投《とう》票《ひょう》結《けっ》果《か》は……

「ここからは自分《じぶん》が進行《しんこう》させてもらおう」

木島《きじま》くんが、席《せき》から立《た》ち上《あ》がった。

「占《うらな》い師《し》という小日向《こひなた》も、狩人《かりうど》を名乗《なの》る速水《はやみ》と月形《つきがた》も、この自分《じぶん》を人間《にんげん》だと認《みと》めているのだから進行役《しんこうやく》としては適任《てきにん》だろう」

木島《きじま》くんの言《い》っていることに間違《まちが》いはない。ただ、それならもう少《すこ》し早《はや》く名乗《なの》り出《で》てほしかった気《き》もする。

僕《ぼく》と速水《はやみ》さんが言《い》い合《あ》っているときは無言《むごん》に徹《てっ》していたし……。なんだか、目立《めだ》ててなかった分《ぶん》を取《と》り戻《もど》そうとしてるようにも見《み》えてくるよ。

「なんだ月形《つきがた》、不満《ふまん》か？」

「いや、そんなことはないよ」

ここにきて、変《へん》に反感《はんかん》は買《か》いたくない。僕《ぼく》は大《おお》きく首《くび》を横《よこ》に振《ふ》った。

「ならいい。では決《けつ》を採《と》ろうと思《おも》う。今《いま》までどおり人狼《じんろう》だと思《おも》う者《もの》に挙手《きょしゅ》をしてくれ」

木島《きじま》くんは僕《ぼく》、小日向《こひなた》さん、速水《はやみ》さんを順番《じゅんばん》に眺《なが》めて声《こえ》を発《はっ》した。

「まずは自分《じぶん》、木島優一郎《きじまゆういちろう》が人狼《じんろう》だと思《おも》う者《もの》は挙手《きょしゅ》を」

誰《だれ》も手《て》をあげないのを木島《きじま》くんは確認《かくにん》して、次《つぎ》に小日向《こひなた》さんの名前《なまえ》を言《い》った。これに対《たい》しても手《て》はあがらなかった。

「では続《つづ》いて、月形士郎《つきがたしろう》が人狼《じんろう》だと思《おも》う者《もの》は挙手《きょしゅ》を」

僕《ぼく》は、当然《とうぜん》手《て》をあげない。

小日向《こひなた》さんは……あげてない。木島《きじま》くんも、あげてなかった。

そして、速水《はやみ》さんもまた、手《て》をおろしたままだった。

その顔《かお》には、何《なに》かを諦《あきら》めたような表情《ひょうじょう》が浮《う》かんでる。

「では、決《き》まりだな。投票《とうひょう》の結果《けっか》により……」

「ダメだよ、木島《きじま》くん」

投票《とうひょう》を終《お》わらせようとした木島《きじま》くんを、僕《ぼく》は制《せい》した。

「ちゃんと速水《はやみ》さんの分《ぶん》もやらないと。もしかしたら、誰《だれ》が人狼《じんろう》かわからないから手《て》をあげてないかもしれないから」

「……意味《いみ》のないことを。月形《つきがた》は思《おも》ったより残酷《ざんこく》な奴《やつ》なんだな」

「残酷《ざんこく》かもしれない。でも僕《ぼく》たちは今《いま》まで、勝《か》つために一人《ひとり》を処刑《しょけい》するってことを続《つづ》けてきた。だから消去法《しょうきょほう》じゃなくて、ちゃんと速水《はやみ》さんを殺《ころ》してしまうことを、自分《じぶん》たちの意思《いし》で決《き》めるべきだ」

意味《いみ》があるかどうかはわからない。正《ただ》しいのか間違《まちが》っているのか。後悔《こうかい》するのかしないのか。

ただ必要《ひつよう》なことだと思《おも》った。

「……一理《いちり》あるな。わかった。では、速水麗奈《はやみれな》が人狼《じんろう》だと思《おも》う者《もの》は挙手《きょしゅ》を」

僕《ぼく》、木島《きじま》くん、小日向《こひなた》さんが手《て》をあげる。

速水《はやみ》さんは、あげなかった。

「速水《はやみ》、観念《かんねん》したんじゃないのか？　だから月形《つきがた》に手《て》をあげなかったんじゃないのか？」

「ワタシは、人狼《じんろう》ではない」

僕《ぼく》は少《すこ》し驚《おどろ》いたけど、それ以上《いじょう》に木島《きじま》くんが困惑《こんわく》していた。

おそらく、木島《きじま》くんの中《なか》で〝流《なが》れ〟のようなものができてたんだろう。頭《あたま》がいいと、先《さき》のことまで予想《よそう》できてしまうからかもしれない。

「でも、ワタシ以外《いがい》の誰《だれ》もが人狼《じんろう》に思《おも》えなかったから、手《て》をあげなかった。それだけ」

速水《はやみ》さんの言葉《ことば》が理解《りかい》できなかった。木島《きじま》くんも小日向《こひなた》さんも同様《どうよう》で、口《くち》がポカンと開《あ》いている。しばらくの間《あいだ》、大広間《おおひろま》に、沈黙《ちんもく》が流《なが》れた。

その様子《ようす》を見《み》ていた速水《はやみ》さんは、どこか満足気《まんぞくげ》に笑《わら》った。

次《つぎ》に、声《こえ》を出《だ》さないまま、口《くち》だけを動《うご》かす。

――冗談《じょうだん》。

僕《ぼく》には、そう言《い》ったように思《おも》えた。

あの速水《はやみ》さんが、冗談《じょうだん》？　あの速水《はやみ》さんが、どの速水《はやみ》さんなのか僕自身《ぼくじしん》も訳《わけ》がわからなくなったけど……今《いま》までと違《ちが》うことをする速水《はやみ》さんを見《み》て、本当《ほんとう》にこれでおしまいなんだなと実感《じっかん》してしまった。

速水《はやみ》さんは、速水《はやみ》さんである仮面《かめん》を脱《ぬ》ぎ捨《す》てて、この瞬間《しゅんかん》、人狼《じんろう》になったんだ。

「月形《つきがた》くん、泣《な》きそうなカオしてる。鷹山《たかやま》さんの仇《かたき》がとれるのにうれしくないの？」

速水《はやみ》さんの顔《かお》から笑顔《えがお》が消《き》えて、普段《ふだん》どおりに戻《もど》った。

うれしい？　……そんなこと、あるわけがない。

火夏《ほのか》ちゃんが殺《ころ》されて、そこから立《た》ち直《なお》るきっかけをくれた速水《はやみ》さんが人狼《じんろう》だったというのに、うれしいはずがないじゃないか。

生《い》きて帰《かえ》れるということだって、そもそも遠足《えんそく》で遊園地《ゆうえんち》にきて死《し》ななかっただけで、どうして喜《よろこ》ばなきゃいけないんだ。

不幸《ふこう》な事故《じこ》はありえるといっても、そんなことを考《かんが》えて遠足《えんそく》になんて行《い》かないよ。

何《なに》も答《こた》えることができず、僕《ぼく》が俯《うつむ》いていると、視界《しかい》の隅《すみ》で速水《はやみ》さんの足元《あしもと》に黒《くろ》い水《みず》たまりのような影《かげ》が広《ひろ》がるのが見《み》えた。速水《はやみ》さんに影《かげ》からの手《て》が迫《せま》る。

金山《かなやま》くん、土屋《つちや》さんが、影《かげ》に飲《の》み込《こ》まれていった光景《こうけい》が脳裏《のうり》に蘇《よみがえ》る。

僕《ぼく》は、つい、速水《はやみ》さんに手《て》を伸《の》ばしてしまった。

相手《あいて》は人狼《じんろう》だって、わかってるのに。それでも、無意識《むいしき》にやっていたんだ。

速水《はやみ》さんは一瞬《いっしゅん》だけ、僕《ぼく》の動《うご》きに驚《おどろ》いたような様子《ようす》を見《み》せたけど。

ついに、その手《て》をつかむことはなかった。

黒《くろ》い影《かげ》は、速水《はやみ》さんをあっという間《ま》に飲《の》み込《こ》んだ。

そのあとは、徐々《じょじょ》に小《ちい》さくなっていき……影《かげ》はあまりにもあっけなく、消《き》えていった。

68へ進む

68 人間側《にんげんがわ》の勝利《しょうり》

速水《はやみ》さんがいなくなった大広間《おおひろま》で、僕《ぼく》たち三人《さんにん》は時間《じかん》を持《も》て余《あま》していた。

ゲーム終了《しゅうりょう》を告《つ》げるはずの死神《しにがみ》が、いつまで待《ま》ってもモニター上《じょう》に現《あらわ》れない。

もしかして、まだゲームが終《お》わってないのかな。そんな不安《ふあん》がよぎる。

そうなると人狼《じんろう》がまだ残《のこ》っていることになり、人間側《にんげんがわ》の敗北《はいぼく》が決《き》まってしまう。でも、そんなことはないはずだ。

もしかしてまだ何《なに》か、やり残《のこ》したことがあるのか……。

「聖杯《せいはい》が、関係《かんけい》してるのか？」

不意《ふい》に、木島《きじま》くんがそうつぶやいた。そうか。聖杯《せいはい》。その謎《なぞ》がまだあった。

「そ、そもそも聖杯《せいはい》ってなんでしょう？」

おそるおそる、小日向《こひなた》さんがたずねた。

木島《きじま》くんが呆《あき》れたように答《こた》える。

「そんなことも知《し》らないのか。一般的《いっぱんてき》にはキリスト教《きょう》の聖遺物《せいいぶつ》の一《ひと》つで、キリストが処刑《しょけい》される前《まえ》の最後《さいご》の晩餐《ばんさん》で使《つか》われたといわれるものだ」

「そ、そうなんですね……知《し》りませんでした」

「昔《むかし》から、聖杯《せいはい》には万能的《ばんのうてき》な力《ちから》が宿《やど》っていると言《い》われてきた。自分《じぶん》が観《み》た映画《えいが》では、聖杯《せいはい》で汲《く》んだ水《みず》を飲《の》むと不老不死《ふろうふし》になるという展開《てんかい》もあったんだ。だから自分《じぶん》は、人狼《じんろう》に狙《ねら》われても死《し》なないという効果《こうか》があるんじゃないかとも思《おも》った」

「じゃあ、木島《きじま》くんは狩人《かりうど》に守《まも》られなくても助《たす》かったってこと？」

僕《ぼく》の質問《しつもん》に、木島《きじま》くんは少《すこ》し間《ま》を空《あ》けたあとで、首《くび》を横《よこ》に振《ふ》った。

「いや……自分《じぶん》で言《い》い出《だ》してなんだが、その可能性《かのうせい》は低《ひく》い。ネーミング的《てき》にも仰々《ぎょうぎょう》し過《す》ぎるし、ゲームバランス的《てき》にも、死神《しにがみ》が採用《さいよう》するとは思《おも》えない」

「そ、それではどういった効果《こうか》があったのでしょう？」

首《くび》を傾《かし》げる小日向《こひなた》さんに対《たい》して、木島《きじま》くんはそっけなく言《い》い返《かえ》す。

「それは、死神《しにがみ》が教《おし》えてくれるだろう。解明《かいめい》しなければゲームが終《お》わらない、なんてことはないだろうしな」

僕《ぼく》たちはモニターに視線《しせん》を移《うつ》した。

すると、画面《がめん》にノイズが走《はし》り、画質《がしつ》が鮮明《せんめい》になっていく。

やがて、待《ま》ち望《のぞ》んでいた死神《しにがみ》の姿《すがた》が現《あらわ》れた。

「聖杯《せいはい》の意味《いみ》を考《かんが》えてもらうのも、ゲームのだいご味《み》なのだがね。まあ、本筋《ほんすじ》ではないのでよしとしよう。クックック……」

ドクロの仮面《かめん》で表情《ひょうじょう》はわからないけど、死神《しにがみ》はよく笑《わら》う。

それだけ、ゲームを楽《たの》しんでいるってことなのか。だとしたらあまりいい性格《せいかく》とはいえない。

まあ、いい人《ひと》なら、そもそもこんなゲームを強制《きょうせい》させたりしないだろうけど。

「ともあれ、おめでとう。人狼《じんろう》は駆逐《くちく》された。諸君《しょくん》ら人間側《にんげんがわ》の勝利《しょうり》だ。しかもただ勝《か》ったわけではない。ある条件《じょうけん》をクリアした上《うえ》での、勝利《しょうり》だ。いわば完全勝利《かんぜんしょうり》といったところか」

「残《のこ》った人間《にんげん》より、死《し》んだ人間《にんげん》のほうが多《おお》いのに、完全勝利《かんぜんしょうり》？」

僕《ぼく》は腹《はら》が立《た》ったが、同時《どうじ》に不思議《ふしぎ》に思《おも》った。

自分《じぶん》の言葉《ことば》どおり、とてもじゃないけど今《いま》の僕《ぼく》たちは、死神《しにがみ》の言《い》うような状況《じょうきょう》にいるとは思《おも》えなかった。

僕《ぼく》たち人間《にんげん》が勝《か》てたのは間違《まちが》いないけど、正直《しょうじき》、紙一重《かみひとえ》だったと思《おも》う。

「条件《じょうけん》……聖杯《せいはい》か。聖杯《せいはい》を手《て》にした者《もの》、つまり自分《じぶん》が生《い》き残《のこ》ることが完全勝利《かんぜんしょうり》への道《みち》か？」

木島《きじま》くんがあごに手《て》を当《あ》てながらつぶやいた。

やっぱり、聖杯《せいはい》は木島《きじま》くんが手《て》に入《い》れていたのか。

「そのとおりだ。それこそが、完全勝利《かんぜんしょうり》を得《え》る唯一《ゆいいつ》の条件《じょうけん》だ」

「そんなこと、ルール説明《せつめい》になかったぞ！」

僕《ぼく》は思《おも》わず、大声《おおごえ》をあげた。

「確《たし》かにそうだ。だが、君《きみ》たちはルールに説明《せつめい》されていないことがあることに気付《きづ》いたから、勝利《しょうり》したんじゃないのか？」

言《い》って、死神《しにがみ》は本当《ほんとう》に愉《たの》しそうに笑《わら》った。まるで最初《さいしょ》から、このやりとりを待《ま》ち望《のぞ》んでいたかのように。

「フン。だが、月形《つきがた》の言《い》うとおり、条件《じょうけん》を満《み》たしても完全勝利《かんぜんしょうり》という気分《きぶん》にはなれないな」

そのとおりだ。僕《ぼく》たちが、どれだけのものを失《うしな》ったと思《おも》ってる。

「諸君《しょくん》らの気持《きも》ちは理解《りかい》できる。だがやはり、君《きみ》たちは完全勝利《かんぜんしょうり》なのだよ。あとになって、そのことに気付《きづ》くだろう」

「どういうことだ？」

「それを口《くち》にするのは野暮《やぼ》というものだよ。興《きょう》ざめ、というやつだ」

死神《しにがみ》はドクロの額《ひたい》に手《て》を当《あ》てて、わざとらしく頭《あたま》を振《ふ》る。それから溜《た》め息《いき》のような音《おと》を立《た》てると、正面《しょうめん》を向《む》いて態度《たいど》を切《き》り替《か》えた。

「では諸君《しょくん》、なごりおしいが、そろそろ時間《じかん》のようだ。楽《たの》しい時間《じかん》を提供《ていきょう》してくれたことに心《こころ》から感謝《かんしゃ》する。願《ねが》わくは、また諸君《しょくん》らと会《あ》える日《ひ》を」

そう言《い》い残《のこ》すと、死神《しにがみ》の姿《すがた》が消《き》えた。

モニターには、短《みじか》い言葉《ことば》。

『おめでとうございます。人狼《じんろう》ゲームは、人間側《にんげんがわ》の完全勝利《かんぜんしょうり》です』

その直後《ちょくご》。

僕《ぼく》は、めまいがして、急《きゅう》に目《め》の前《まえ》が真《ま》っ暗《くら》になった。

69 へ進む

69 僕《ぼく》が目《め》を覚《さ》ました場所《ばしょ》は

ダイナスティーランド内《ない》は、夕焼《ゆうや》けでオレンジ色《いろ》に染《そ》まっていた。

目《め》の前《まえ》に建《た》つ建物《たてもの》は改装中《かいそうちゅう》のようで、立《た》ち入《い》り禁止《きんし》の黄色《きいろ》と黒《くろ》のテープが敷地《しきち》の外側《そとがわ》を覆《おお》っている。

「シロ、早《はや》く行《い》こ。集合時間《しゅうごうじかん》に遅《おく》れるよ」

とても懐《なつ》かしい声《こえ》が、聞《き》こえた。

「え？」

隣《となり》を見《み》ると、火夏《ほのか》ちゃんが僕《ぼく》の服《ふく》の袖《そで》を引《ひ》っ張《ぱ》っている。

「火夏《ほのか》、ちゃん……？」

どうして、火夏《ほのか》ちゃんが？

火夏《ほのか》ちゃんは、人狼《じんろう》に襲《おそ》われて死《し》んだはず。

今《いま》でも僕《ぼく》の脳裏《のうり》には、あのときの火夏《ほのか》ちゃんの亡骸《なきがら》が焼《や》きついて……。

……いや、上手《うま》く思《おも》い出《だ》せなかった。あんなに衝撃的《しょうげきてき》な光景《こうけい》だったのに。

どことなく、人狼《じんろう》の館《やかた》での記憶《きおく》が曖昧《あいまい》になり、モヤがかかり始《はじ》めたかのようだった。

「おーい、そこに突《つ》っ立《た》っている７人《にん》。もうすぐ出発《しゅっぱつ》の時間《じかん》だ、急《いそ》げよ！」

遠《とお》くから、七宝先生《しっぽうせんせい》が手《て》を振《ふ》って叫《さけ》んでいる。

「ちっくしょう！　全然遊《ぜんぜんあそ》びたりねえなぁ」

「もうそんな時間《じかん》かー。早《はや》いなー」

近《ちか》くにいた金山《かなやま》くんと土屋《つちや》さんが、残念《ざんねん》がりながら七宝先生《しっぽうせんせい》のほうに向《む》かって歩《ある》き出《だ》した。

「ほらシロ。アタシたちも行《い》こう」

僕《ぼく》も火夏《ほのか》ちゃんに引《ひ》っ張《ぱ》られて歩《ある》き出《だ》そうとしたら、後《うし》ろから肩《かた》をつかまれた。

振《ふ》り返《かえ》ると、木島《きじま》くんが立《た》っている。

「月形《つきがた》、よく聞《き》け。〝人狼《じんろう》の館《やかた》〟の出来事《できごと》は、最後《さいご》まで残《のこ》った自分《じぶん》と小日向《こひなた》と月形《つきがた》しか覚《おぼ》えてないようだ」

「え？」

立《た》ち止《ど》まり、僕《ぼく》は呆然《ぼうぜん》となる。死《し》んだはずのみんながいて、しかも記憶《きおく》が改《かい》ざんされているなら、僕《ぼく》が上手《うま》く思《おも》い出《だ》せないのもそのせいなのか。

「シロ。どうしたの？　遅《おく》れちゃうとまた泣《な》きべそかくことになるよ」

木島《きじま》くんが言《い》ったことが、完全《かんぜん》に飲《の》み込《こ》めたわけじゃない。でも、僕《ぼく》を引《ひ》っ張《ぱ》る火夏《ほのか》ちゃんは、間違《まちが》いなく本物《ほんもの》の火夏《ほのか》ちゃんだった。

昔《むかし》のことを持《も》ち出《だ》して、イジワルそうに笑《わら》う火夏《ほのか》ちゃんを見《み》て、そう確信《かくしん》した。

〝人狼《じんろう》の館《やかた》〟であった出来事《できごと》を、火夏《ほのか》ちゃんは覚《おぼ》えていないかもしれない。七宝先生《しっぽうせんせい》、金山《かなやま》くん、土屋《つちや》さんもそうなんだろう。

でも、みんな無事《ぶじ》に戻《もど》ってこれた。それだけで、じゅうぶんだ。

先頭《せんとう》を木島《きじま》くんと土屋《つちや》さんが歩《ある》いている。

「なーなー木島《きじま》ー。また来《こ》ようなー！　まだ乗《の》ってないヤツたくさんあるからなー」

「……条件《じょうけん》がある。絶叫系《ぜっきょうけい》は2回《かい》までだ」

聞《き》こえてきたやりとりに、思《おも》わず吹《ふ》き出《だ》しそうになる。木島《きじま》くんって、思《おも》ったより気難《きむずか》しい人《ひと》じゃないのかもしれない。それともあれは、土屋《つちや》さん限定《げんてい》なのかな？

そんな二人《ふたり》のあとを、金山《かなやま》くんと速水《はやみ》さん、そして小日向《こひなた》さんが歩《ある》いていく。

「は、速水《はやみ》さん、本《ほん》を読《よ》みながら歩《ある》いてると間《ま》に合《あ》わなくなりますよ」

「間《ま》に合《あ》わなくてもいい。今《いま》はこっちのほうが大事《だいじ》」

小日向《こひなた》さんが速水《はやみ》さんを急《せ》かしている。

小日向《こひなた》さんには〝人狼《じんろう》の館《やかた》〟での記憶《きおく》が残《のこ》っているらしく、普段以上《ふだんいじょう》に速水《はやみ》さんに親身《しんみ》に振《ふ》る舞《ま》っていた。

「そ、そんな冗談《じょうだん》を言《い》わないでください……」

「冗談《じょうだん》？　ワタシは冗談《じょうだん》なんか言《い》わない。本気《ほんき》で言《い》ってる」

「おいおい麗奈《れな》、それはさすがに小日向《こひなた》の言《い》うとおりだろ！　コケそうになっても助《たす》けてやんねーからな？」

速水《はやみ》さんと小日向《こひなた》さんのやりとりを見《み》て、金山《かなやま》くんも笑顔《えがお》で冗談《じょうだん》っぽく声《こえ》をかける。

さすがに金山《かなやま》くんに言《い》われると気《き》が引《ひ》けるのか、速水《はやみ》さんはしぶしぶといった感《かん》じで本《ほん》を閉《と》じて胸《むね》の前《まえ》に抱《かか》えた。

そのやりとりを見《み》て、速水《はやみ》さんはやっぱり何《なに》も覚《おぼ》えていないとわかった。

〝冗談《じょうだん》〟と最後《さいご》に口《くち》にした速水《はやみ》さんのことを、うっすらと覚《おぼ》えている。

きっと今《いま》の速水《はやみ》さんが、本来《ほんらい》の姿《すがた》なんだろう。

70へ進む

70 僕《ぼく》がぜったいに守《まも》るんだ

黒《くろ》い影《かげ》に飲《の》み込《こ》まれた速水《はやみ》さんは人狼《じんろう》が入《い》れ替《か》わった存在《そんざい》で、火夏《ほのか》ちゃんを失《うし》ったときに奮《ふる》い立《た》たせてくれた速水《はやみ》さんはもういない。

それがたとえ、人狼《じんろう》ゲームを有利《ゆうり》に運《はこ》ぶための演技《えんぎ》だったとしても……僕《ぼく》は間違《まちが》いなく、あの速水《はやみ》さんに救《すく》われた。そのことだけは、感謝《かんしゃ》していた。

おかげで、この場所《ばしょ》に戻《もど》ってこられたんだから。

「シロ？　どうしたの？　なんだかまじめな顔《かお》しちゃって」

火夏《ほのか》ちゃんが、不思議《ふしぎ》そうに僕《ぼく》の顔《かお》を見《み》て、手《て》を差《さ》し出《だ》してきた。

「……なんでもないよ。行《い》こう、火夏《ほのか》ちゃん！」

僕《ぼく》は火夏《ほのか》ちゃんの手《て》をとり、引《ひ》っ張《ぱ》るように前《まえ》へと進《すす》んだ。

「え？　急《きゅう》になに？　シロ、少《すこ》し変《へん》じゃない？」

「変《へん》かもしれないけど、変《へん》じゃないよ。こうやって火夏《ほのか》ちゃんと歩《ある》けることがうれしいんだ」

「……やっぱり変《へん》だよ、シロ」

不審《ふしん》がっている火夏《ほのか》ちゃんの声《こえ》は、とてもか細《ぼそ》いものだったけど。

「でも……アタシもシロと一緒《いっしょ》に歩《ある》けることは嬉《うれ》しいよ」

僕《ぼく》に温《あたた》かい笑顔《えがお》を見《み》せてくれた。

思《おも》わずドキッとしてしまうほどの笑顔《えがお》。

僕《ぼく》が引《ひ》っ張《ぱ》る火夏《ほのか》ちゃんの手《て》は、とても小《ちい》さい。いつもつかまれてばかりで気《き》付《づ》かなかった。

いつも僕《ぼく》をみちびいてくれていたけど、火夏《ほのか》ちゃんは女《おんな》の子《こ》なんだ。

――もう火夏《ほのか》ちゃんを二度《にど》と失《うしな》ったりしない。僕《ぼく》がぜったいに守《まも》るんだ。

そう決意《けつい》して、僕《ぼく》は改装中《かいそうちゅう》の〝人狼《じんろう》の館《やかた》〟だったものを後《あと》にした。

HAPPY END